劳动经济评论
LABOR ECONOMIC REVIEW

第7卷 第1辑 2014年3月
Volume 7 Number 1 March 2014

罗润东 刘文 主编

经济科学出版社

图书在版编目（CIP）数据

劳动经济评论. 第7卷. 第1辑/罗润东，刘文主编.
—北京：经济科学出版社，2014.4
ISBN 978-7-5141-4405-5

Ⅰ. ①劳… Ⅱ. ①罗…②刘… Ⅲ. ①劳动经济-中国-文集 Ⅳ. ①F249.2-53

中国版本图书馆 CIP 数据核字（2014）第 043368 号

责任编辑：柳　敏　段小青
责任校对：杨　海
责任印制：李　鹏

劳动经济评论

罗润东　刘　文　主编

经济科学出版社出版、发行　新华书店经销
社址：北京市海淀区阜成路甲28号　邮编：100142
总编部电话：010-88191217　发行部电话：010-88191522
网址：www.esp.com.cn
电子邮件：esp@esp.com.cn
天猫网店：经济科学出版社旗舰店
网址：http://jjkxcbs.tmall.com
北京汉德鼎印刷有限公司印刷
华玉装订厂装订
787×1092　16开　10.25印张　220000字
2014年4月第1版　2014年4月第1次印刷
ISBN 978-7-5141-4405-5　定价：32.00元
（图书出现印装问题，本社负责调换。电话：010-88191502）
（版权所有　翻印必究）

劳动经济评论
LABOR ECONOMIC REVIEW

封面题字　谷书堂

主编　罗润东　刘　文

学术委员会（以汉语拼音为序）

蔡　昉（中国社会科学院）

蔡继明（清华大学）

靳共元（山西财经大学）

李建民（南开大学）

罗润东（山东大学［威海］劳动经济研究所）

罗永泰（天津财经大学）

R. M. Lindley（University of Warwick）

肖鸣政（北京大学）

杨河清（首都经济贸易大学）

杨俊青（山西财经大学）

姚先国（浙江大学）

曾湘泉（中国人民大学）

张东辉（山东大学）

张建武（华南师范大学）

张卫国（山东社会科学院）

编辑部主任： 巫威威

编辑部副主任： 付光新　段兴立

地址：山东省威海市文化西路180号　山东大学《劳动经济评论》编辑部

邮编：264209

E-mail：ldjjpl@163.com

主办单位：山东大学劳动经济与人力资源研究中心

协办单位：山东大学（威海）商学院

目　录

专题报告

中国劳动经济研究领域文献计量报告（2012）
　　——基于 CiteSpace 的可视化分析 ················· 课题组（1）

劳资关系

私营企业劳资关系国内研究进展及评述 ········· 李玲娥　郭欣亮　张静志（15）
北京市劳动争议调解组织建设调查研究 ··················· 曹　洋　田　辉（24）
地方政府行为在劳资利益关系中的作用 ······························ 杨　舒（39）

收入分配

关于社会保障支出收入公平分配职能的思考 ························ 杨　林（51）
高考是进入高收入行业的敲门砖吗？ ······························ 李后建（63）
中国行业工资不平等：基于细分行业的考察 ························ 彭树宏（83）
探析女性比例与经济发展水平间关系
　　——基于统计拟合和 ArcGIS 的视角 ··············· 杨华磊　周晓波（95）

就业与劳动力市场

技能偏向性技术进步理论研究进展 ·································· 杨　飞（112）
中国就业弹性的变动趋势及原因：综述与评析 ···················· 周灵灵（132）
山地农村居民旅游就业期望的差异分析 ··············· 韩国圣　李　辉（143）

CONTENTS

Research Report

Chinese Labor Economic Research Areas Bibliometric Report (2012):
   Based on CiteSpace Visualization Analysis .... *Research Group* (1)

Labor Relations

Labor Relations of Private Enterprises: Commentaries on the Latest
   Researches in China .... *Li Linge Guo Xinliang Zhang Jingzhi* (15)
Research on the Construction of the Beijing Labor Dispute
   Mediation Organizations .... *Cao Yang Tian Hui* (24)
The Role of Government Behaviors in the Interest Relations of
   Labor and Capital .... *Yang Shu* (39)

Income Distribution

Reconsideration of Equitable Income Distribution of Social
   Security Expenditure .... *Yang Lin* (51)
Is College Entrance Examination a Stepping Stone to Entry to the
   High-Wage Industries? .... *Li Houjian* (63)
The Evolution of China Industry Wage Inequality: Based on the Investigation
   of Subdivision Industries .... *Peng Shuhong* (83)
Analysis of the Relationship between the Proportion of Women and the Level of
   Economic Development: Based on Statistical Fitting and ArcGIS
   Perspective .... *Yang Hualei Zhou Xiaobo* (95)

Employment and Labor Market

A Review of Skill-biased Technological Change Theory .... *Yang Fei* (112)
Changing Tendency and Reasons of China's Employment Elasticity:
   Review and Comments .... *Zhou Lingling* (132)
Analysis of Variance in Villagers' Expectation in Touism Employment:
   A Case Study in Rural Community Surrounding Tiantangzhai
   Tourism Area .... *Han Guosheng Li Hui* (143)

专题报告

中国劳动经济研究领域文献计量报告（2012）

——基于 CiteSpace 的可视化分析

课题组[*]

摘　要：以 2012 年劳动经济研究领域的 CNKI 期刊论文为计量对象，运用 CiteSpace 可视化软件分别对关键词、高产作者和科研机构进行定量分析，分析结果表明 2012 年国内劳动经济学领域的研究还比较分散，没有集中在几个主要研究领域进行相关的研究，高产出作者和作者合作基本都是重点高校的一些研究者；科研机构可视化分析表明 2012 年劳动经济领域的科研及论文发表基本还是以各大高校为主，产学研合作较少。

关键词：劳动经济　CiteSpace　共现分析　可视化分析

一、引言

《劳动经济评论》2013 年第一辑中，劳动经济课题组对 2000~2011 年期间劳动经济学领域 CNKI 收录的期刊论文进行了计量分析，分析结果详见《劳动经济评论》2013 年第一辑第 1~12 页。本文在上一篇论文的研究基础上，对劳动经济领域的 2012 年 CNKI 收录的论文继续做后续的研究，通过文献计量分析展示 2012 年劳动经济领域的学术研究现状、研究热点，继而再与 2000~2011 时段的研究加以比较，揭示出 2012 年专家学者关注的新的学术研究热点以及劳动经济领域学术研究的变化及特点。本文的研究目的是以 2012 年国内劳动经济学研究领域的期刊文献为研究对象，可视化展示 2012 年国内劳动经济学领域的研究现状、热点和主要

---

[*] 本文为罗润东教授主持的山东大学劳动经济与人力资源研究中心"中国劳动经济研究文献计量报告（SD-LEB）"成果。报告执笔：沈君；E-mail：shenjun1969@163.com。

特征，总结出国内学术界 2012 年在劳动经济学领域的研究成果、科研团队以及存在的不足，为劳动经济学领域的学术研究和学科建设提供参考。

二、数据统计

按照 2010 年国家图书馆出版社出版的《中国图书分类法》（第五版），查找劳动经济的分类代码，共获得 11 个分类代码：C971、F24、F240、F241、F242、F243、F244、F245、F246、F247、F249，根据 CNKI 的专业检索的格式要求，运用布尔逻辑式语言和中国图书分类号科学组构检索式为：CLC = 'C971' + 'F24' + 'F240' + 'F241' + 'F242' + 'F243' + 'F244' + 'F245' + 'F246' + 'F247' + 'F249'，检索时间范围设为 2012～2012 年，检索期刊论文学科领域勾选"经济与管理科学"，期刊类别勾选全部期刊。在中国知网（CNKI）期刊论文数据库中检索，共获得 6 232 条数据，检索和更新时间为 2013 年 11 月 30 日。

（一）2012 年度发文数量比较

在 CNKI 数据库中，用上述检索式检索 2000～2012 年的数据，检索结果显示，在 18 006 条全部期刊文献中，2012 年的发文量为 1 418 篇，并不是 2000～2012 时段中发文量最多的年份，发文量最多的是 2003 年 1 666 篇，其次 2007 年 1 579 篇，第三是 2009 年 1 549 篇，2012 年仅居于第七位。但按照 CSSCI 检索的 9 004 篇核心期刊文献中，2012 年的发文量为 843 篇，居于第二位，仅次于 2009 年的 847 篇，如图 1 所示。

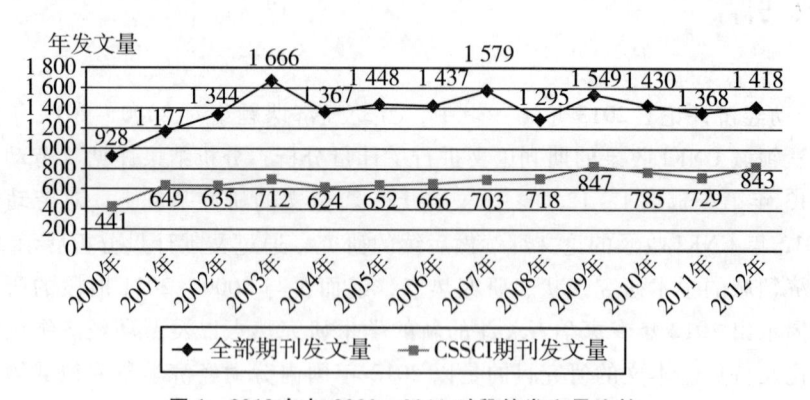

图 1　2012 年与 2000～2011 时段的发文量比较

通过图 1 可以观察出，2012 年的发文量虽然不是很高，但是 2012 年的 CSSCI 期刊的发文量仅次于 2009 年，相差很少。说明 2012 年专家学者的学术研究较前一时段质量上有所提高。从趋势上来看，全部期刊的发文量浮动比较大，如2008年的下降幅度较大，但是从CSSCI期刊的发文量上来看基本比较平稳，除2000年之外，其他年份发文量都在600篇以上，最低年份与最高年份仅相差223篇。

根据CSSCI期刊论文9 004篇的检索结果统计显示，2012年学者关注的学术问题主要有：人力资本、农民工就业、人力资源、经济增长、劳动力市场、劳动关系、失业、产业结构、劳资关系、就业结构、劳动力工资、人力资源开发、社会保障等问题，与2000~2011时段相比，并没有很大差别，只是前后顺序有些变化而已。

通过对2000~2011年间的发文情况来看，杨宜勇在2000年和2001年各发表的5篇关于就业问题的论文，蔡昉在2001年发表5篇关于就业问题的论文，使就业问题成为21世纪以来的劳动经济学的研究热点；在2009年姚先国发表9篇论文，主要论述劳动力市场与劳动力流动问题。2011年周德军发表9篇论文，主要论述民工荒问题。表明21世纪以来劳动经济学的研究热点在不断变化，这也是引起发文量波动的一个主要原因。

（二）刊发论文的期刊统计

表1列出了2000~2012年度劳动经济学CSSCI期刊载文量前15位的期刊及载文数量。从整个时段来看《中国人力资源开发》、《生产力研究》、《统计与决策》的载文量居于前三位。但从2000~2011年的年均载文量来看，《中国人力资源开发》2012年的载文量低于2000~2011年的均值，《生产力研究》和《统计与决策》2012年的发文量都高于2000~2011年的均值。在载文量前15位期刊中，有9种期刊在两个时段中出现，其中8种期刊2012年载文量均高于2000~2011年的均值，只有《人口与经济》2012年的载文量低于2000~2011年的均值；还有6种期刊两个时段不一致。这6种期刊比较来看，2012年《经济研究》、《国际贸易问题》《统计研究》《经济评论》《中国软科学》等较有影响的期刊进入到载文量前15位的行列中，而2000~2011年载文量在前15位的《宏观经济管理》、《管理世界》等6个期刊却没有在2012年载文量前15位中出现。从各种期刊载文量所占比来看，2000~2011年所占比较高的是载文量排名前5位的期刊，所占比高于2%；2012年所占比较高的载文量前4位的期刊，均是2000~2011年所占比较高的期刊，2000~2011年所占比较高的期刊中只有《人口与经济》在2012年仅为1.54%。这表明经济与管理类CSSCI期刊中多数期刊都刊发与劳动经济相关的学术论文，证明了国内关于劳动经济的相关研究得到了越来越多的国内核心期刊的广泛关注，尤其是中文社会科学引文索引（CSSCI）中的来源期刊、扩展版来源期刊等的关注。

表1 2000~2012年劳动经济学CSSCI期刊论文的载文量统计（前15位）

序号	2012年发文总量843篇			2000~2011年发文总量6 106篇			
	期刊名称	载文量	占比(%)	期刊名称	载文量	年均	占比(%)
1	中国人力资源开发	55	6.52	中国人力资源开发	823	69	13.48
2	生产力研究	39	4.63	生产力研究	348	29	5.70
3	统计与决策	31	3.68	统计与决策	264	22	4.32
4	中国人口科学	25	2.97	人口与经济	251	21	4.11
5	经济研究	15	1.78	中国人口科学	154	13	2.52
6	经济学动态	15	1.78	科技进步与对策	120	10	1.97
7	国际贸易问题	15	1.78	人口学刊	117	10	1.92
8	人口与经济	13	1.54	经济学动态	114	10	1.87
9	经济问题	12	1.42	经济纵横	109	9	1.79
10	统计研究	12	1.42	山西财经大学学报	107	9	1.75
11	中国人口·资源与环境	12	1.42	经济经纬	95	8	1.56
12	经济评论	11	1.30	经济问题	92	8	1.51
13	山西财经大学学报	11	1.30	宏观经济管理	88	7	1.44
14	经济经纬	11	1.30	中国国情国力	86	7	1.41
15	中国软科学	10	1.19	管理世界	84	7	1.38

三、数据的标准化及软件的运行设置

（一）数据的标准化处理

CiteSpace软件输入的数据有具体的格式要求，因此需要对所下载的数据要进行格式转换，该转换程序是由大连理工大学的刘盛博博士开发研制；其次在获得的6 232条数据中，存在书评简介、会议举办通知或公告、会议综述、招聘启事、征稿通知、本报编辑、无作者的文献等，这些不属于学术论文的范围，因此本文计量分析不将这类文献列在计量分析的数据之内，经过人工筛选最终获得有效数据4 275篇。最后对有效数据进行标准化处理，如关键词的统一、缩写词与全称的统一、作者机构的合并等。从而保证可视化软件运行结果的客观性和准确性。

（二）软件设置及运行

在 CiteSpace 界面将时间切片设为每一年一个时段，根据所要分析的内容点选可视化主题，本文主要可视化分析研究现状和热点、高产作者、作者机构，因此分别点选"关键词"、"作者"、"机构"选项，阈值分别设定为（5，5，25）、（5，5，25）、（5，5，25）；（4，3，15）、（4，3，15）、（4，3，15）。将标准化处理 4 275 条有效数据输入 CiteSpace 可视化软件中，分别进行关键词共现的可视化分析、高产作者的可视化分析、作者机构的可视化分析。

四、主要研究方法及可视化指标

（一）研究方法

1. 共词分析：共词分析（Co-word analysis）：是一种常用的共现分析方法之一，属于内容分析法，用于分析同一篇文献中的一组词对的共现关系和共现强度，反映词与词之间的联系，揭示某研究领域的内在结构及变化趋势。共词分析法最早在 20 世纪 80 年代被提出；卡龙（Callon）等人提出了共词分析的基础理论和应用实例，从此共词分析法获得了较大的发展；斯科托夫（Kostoff）等人根据词频分析抽取了多词词组，并应用邻近词组分析算法，发现了具有代表性的研究主题，以及主题之间、主题与子主题之间的关系，最终运用对等指标（equivalence index）计算了词组之间的链接强度，但关键词的共现被限制在 50 个词左右。

共词分析方法的应用早期主要用于人工智能领域、科学计量学等领域，目前国内外专家学者已经将共词分析方法应用到了诸多领域，如能源材料领域、图情学领域、燃料电池和医学领域等等。其共同的特点是：运用词来表征文献的主要内容，通过分析共词关系和强度来揭示该研究领域的热点、前沿和发展趋势。

2. 聚类分析法：聚类分析（Cluster analysis）：是数据挖掘中的一种很活跃的文献计量和可视化的方法，依据关键词与关键词之间的共现强度，把一些共现强度较大的关键词聚集在一起形成一个个聚类。划分聚类的算法有很多，如层次聚类、非层次聚类、K 均值聚类、智能聚类等。本文主要采用 CiteSpace 中的谱聚类的方法进行聚类分析。

（二）可视化指标

1. 余弦指数：在共词网络中，节点表示关键词，节点间的连线表示两点所代

表的关键词存在共现关系,连线的强度,也即共现强度,由余弦指数加以测度。其公式为:

$$\text{Cosine} = \frac{F(A, B)}{\sqrt{F(A)F(B)}} \quad (1)$$

式中 F(A) 表示关键词 A 在给定关键词集合中出现的次数;F(B) 表示关键词 B 给定关键词集合中出现的次数;F(A, B) 表示关键词 A、B 共同出现的次数。该指数的取值范围在 0 至 1 之间,值越大,表明关键词间的共现强度越高。

2. 频数(Ferq):也称"次数",是文献计量分析的指标之一,它是指不同节点类型(Node types)在某一领域的分析数据中出现的次数,研究者可以通过统计某种节点类型的频数的高低来计量分析某领域的研究现状。国内外的诸多科学计量学研究者应用频数进行了文献计量分析,如 Robert 等人对加拿大 NRC 确定的 79 个纳米技术关键词进行频数分析;国内学者梁立明对 56 位国际著名情报学家的论著题目进行频数分析;马费成等运用频数分析了国内外知识管理的研究热点;高继平与丁堃以 SCI-E 数据库中的专利文献为分析对象,采用被引频次和词的激增系数相结合的方法预测了专利研究的热点。鉴于手工代码所表征的主题是该领域的关键技术专利,笔者运用可视化软件和文献计量分析法对手工代码的频数进行计量分析。

3. 中介中心性(Centrality):中介中心性是社会网络分析的主要指标之一,是由 Freeman 提出用于测量网络中个体地位的计量指标。国内外学者将其应用于文献计量分析中,如 Leydesdorff 将中介中心性作为测量学术期刊的指标来研究学术期刊;陈超美将中介中心性作为测量科学计量单元的计量指标;林德明等研究了共被引网络中介中心性的分布规律。中介中心性是测量网络节点在网络图谱中对资源控制程度的一个中心性指标,主要衡量各节点在特定的网络图谱中的作用。节点 k 的中介中心性就是网络图谱中所有的最短路径中经过 k 的数量,公式可表示为:

$$B_k = \sum_{k \in [i,j]} C_k(i, j)/C(i, j) = \sum_{k \in [i,j]} B_k(i, j) \quad (2)$$

在共现网络中,如果一个节点的中介中心性越高,表明该节点在网络图谱中的最短路径上出现得越多,其他节点与其建立共现关系的可能性越大,更说明该节点在网络图谱中的影响力和重要程度越大。

五、可视化分析结果

(一)关键词共现

运行 CiteSpace 软件,运行期间各时段的数据样本、阈值、节点数、连线数如

表 2，运行结果生成 2012 年劳动经济领域的关键词共现的知识网络图谱（见图 2），图谱中共获得节点 405 个，节点之间的连线 404 条。

表 2　CiteSpace 运行的数据分析结果

时段	阈值（C, CC, CCV）	样本	节点	连线
2012	(2, 2, 10)	4 275	405	404

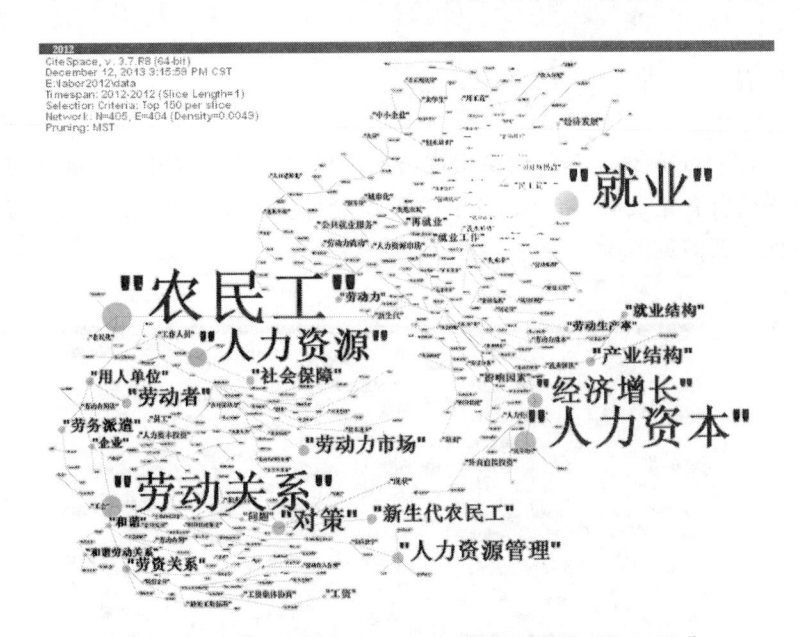

图 2　2012 年劳动经济学研究领域的关键词共现知识图谱

在图 2 中，共现频次最高的是"农民工"（297），其次是"就业"（247），第 3~10 位的分别是"人力资本"、"劳动关系"、"人力资源"、"经济增长"、"人力资源管理"、"劳动者"、"劳动力市场"、"新生代农民工"。这 10 个关键词所表征的研究领域属于该阶段劳动经济学的研究热点。与 2000~2011 时段相比较，共现频次最高的依然是"农民工"、前八位的名称是相同的，只是顺序有一些变化，但不明显；2000~2011 时段排在第 9、10 位的"用人单位"和"社会保障"，在 2012 年共现频次没有进入前十位，而是"劳动力市场"、"新生代农民工"分别排在第 9、10 位。

通过比较说明 2012 年劳动经济领域的学术研究，仍然延续着 2000~2011 时段的热点进行研究，2012 年"农民工问题"更显突出，如农民工市民化问题、农民工的工资问题、农民工新生代问题、农民工的就业问题、农工荒等问题，在 2012 年越显重要。

CiteSpace 运行结果显示，所有关键词的中介中心性均为 0，这与我们只选择

2012年的数据进行研究有关。但从知识图谱的网络结构上可以看出，2012年的劳动经济领域的研究核心主要有："充分就业"、"货币政策"、"求职者"、"和谐"、"劳资关系"、"经济增长"、"第三产业"、"用人单位"等，与2000~2011时段相比，有些明显的区别，2000~2011年中介中心性较高的依次为"下岗失业人员"、"下岗职工"、"就业形势"、"工资水平"、"高校毕业生"、"年薪制"、"职工平均工资"、"国有企业"、"再就业工作"、"就业弹性系数"。这些关键词构成了整个劳动经济学研究领域知识网络的主要路径。

（二）高产作者

运行CiteSpace软件，运行结果生成高产出作者200人（注：包括非第一署名的参与合作的所有论文），高产出作者之间有合作关系的有37条连线，高产出作者的知识网络图谱见图3。

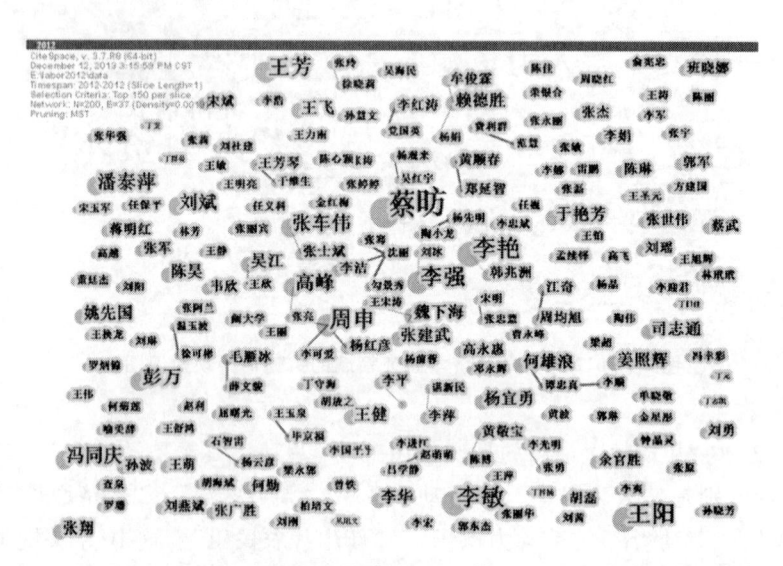

图3 2012年劳动经济学领域的高产出作者知识图谱

在图3中，2012年劳动经济学研究领域中国社会科学院农村发展研究中心的蔡昉发文量最高，发表论文10篇，其次是中国社会科学院人口与劳动经济研究所的张车伟、南开大学的周申、国家发展和改革委员会社会发展研究所的王阳发文7篇；宜宾学院的彭万发文6篇；北京师范大学的赖德胜、浙江大学的姚先国、华南师范大学的张建武、华南师范大学的魏下海、西南民族大学的何雄浪、河北大学的于艳芳、山东大学的姜照辉、广东商学院的李艳等均发文5篇（注：软件运行的结果可能与CNKI数据库的统计结果不一致，主要是在进行计量分析之前对数据进行了标准化处理，按照本研究的观点，将不属于学术论文的文献做了删除，没有在有效数据范围内,也存在软件运行中将同机构同姓名、同姓名不同机构进行合并处理的情况)。

(三) 科研团队(作者合作)

在高产作者可视化分析的基础上,运用聚类分析方法进行聚类划分,共生成28个聚类(见图4),表明在2012年劳动经济研究领域的专家、学者有一定的合作,在不考虑研究生导师与学生之间的合作以及没有贡献的利用合作之外,可以把28个聚类看作科研团队,在图谱中三人以上的科研团队有5个,分别是以北京师范大学赖德胜、华南师范大学魏下海、南开大学周申、石家庄信息工程职业学院沈丽、衡阳市城乡可持续发展研究基地谭忠真为主的科研团队规模比较大,尤其是周申的团队。在其他科研团队中,以李强、李艳、张车伟为主的科研合作也相对比较突出(注:软件运行的结果中存在同一姓名,但机构不同的作者合为一个知识节点的情况)。

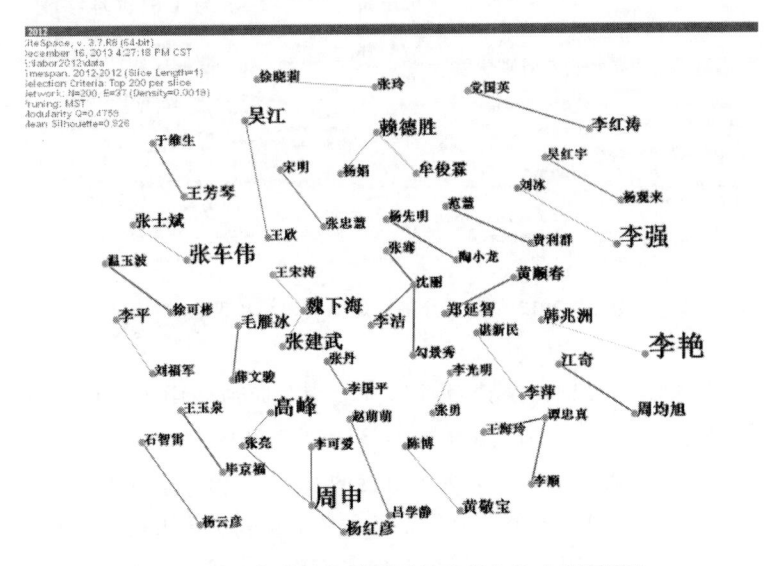

图4 2012年劳动经济领域的作者合作或科研团队

5个规模比较大的合作团队中,以赖德胜为核心的团队主要从事劳动力市场、就业优先就业增长等研究;以魏下海为核心的团队主要从事国际贸易与劳动收入份额、收入差距与劳动收入变动等问题的研究;以周申为核心的团队主要从事中国工业部门的熟练、非熟练劳动替代弹性、贸易结构与就业结构、工资溢价、"同质"劳动收入差距等问题的研究;以沈丽为核心的团队主要从事民营中小型企业管理、人力资源管理专业的实践教学、项目化教学、考核方式改革等问题的研究;以谭忠真为核心的团队主要从事返乡农民工再就业服务体系、权益保障体系的构建等问题的研究。

(四) 科研机构

运行 CiteSpace 可视化软件，按照阈值设定，共计出现高产出的科研机构 150 个，机构之间的连线有 27 条（见图 5）。其中首都经济贸易大学劳动经济学院发文量最高（34 篇）、北京师范大学经济与工商管理学院发文量居于第二（25 篇）、华南师范大学经济与管理学院发文 24 篇、中国劳动关系学院发文 23 篇（不包括各院系）、中国社会科学院人口与劳动经济研究所发文 22 篇。

图 5 2012 年劳动经济领域的科研机构及合作

如果不区分学院、系别，统计只具体到大学、院所，中国人民大学发文量最高，总发文量 83 篇，其中中国人民大学经济学院发文 19 篇、中国人民大学劳动人事学院发文 18 篇、中国人民大学为署名机构的发文 12 篇、中国人民大学农业与农村发展学院发文 7 篇、中国人民大学马克思主义学院和中国人民大学商学院发文均为 4 篇、中国人民大学中国经济改革与发展研究院（3 篇）、中国人民大学公共管理学院（2 篇）、其他机构均发文 1 篇，如中国人民大学中国人力资本审计研究所、中国人民大学中国就业研究所、中国人民大学中国经济改革发展研究院、中国人民大学中国调查与数据中心、中国人民大学人事学院、中国人民大学人口发展研究中心、中国人民大学党委统战部、中国人民大学公共管理学院社会保障所、中国人民大学国际货币研究所、中国人民大学汉青经济与金融高级研究院、中国人民大学社会人口学院、中国人民大学企业与组织研究中心、中国人民大学统计学院、中国人民大学财政金融学院等。

中国社会科学院总发文 67 篇，居于第二位，其中中国社会科学院人口与劳动经济研究所发文22篇、中国社会科学院研究生院发文10篇、中国社会科学院农村发展研究所发文4篇、中国社会科学院经济研究所（3篇）、中国社会科学院社会学研究所（3篇）、以中国社会科学院为署名机构（3篇）、中国社会科学院马克思主义研究院（2篇）、中国社会科学院世界历史研究所（2篇）、中国社会科学院数量经济与技术经济研究所（2篇）、中国社会科学院财经战略研究院（2篇）、中国社会科学院工业经济研究所（2篇）、中国社会科学院世界经济与政治研究所（2篇）、其他机构均发文1篇，如中国社会科学院世界社保研究中心、中国社会科学院亚太与全球战略研究院、中国社会科学院俄罗斯东欧中亚研究所、中国社会科学院劳动与人力资本研究室、中国社会科学院城市发展与环境研究所、中国社会科学院民族学与人类学研究所、中国社会科学院社会政策研究中心、中国社会科学院经济学部、中国社会科学院近代史研究所、中国社会科学院金融研究所等。

南开大学总发文60篇，居于第三位，其中南开大学经济学院发文23篇、南开大学国际经济贸易系发文12篇，南开大学国际经济研究所（7篇）、以南开大学为署名机构发文3篇、南开大学社会工作与社会政策系（3篇）、南开大学商学院（3篇）、南开大学周恩来政府管理学院（3篇）、南开大学财政学系（2篇）、其他机构发文量均为1篇，如南开大学中国社会史研究中心、南开大学城市与区域经济研究所、南开大学经济研究所、南开大学马克思主义教育学院等。

首都经济贸易大学总发文51篇，居于第四位，其中首都经济贸易大学劳动经济学院发文34篇，是所有大学、科研机构中发文量最高的院系、以首都经济贸易大学为署名机构发文12篇，首都经济贸易大学工商管理学院（2篇）、其他机构发文量均为1篇，如首都经济贸易大学人口经济研究所、首都经济贸易大学发展规划处、首都经济贸易大学社会保障研究中心等。

北京大学发文43篇，居于第五位，其中北京大学经济学院发文7篇、北京大学政府管理学院发文4篇、北京大学光华管理学院（3篇）、北京大学国家发展研究院（3篇）、北京大学城市与环境学院（3篇）、北京大学教育学院（3篇）、北京大学社会学系（2篇）、北京大学人口研究所（2篇）、以北京大学为署名机构发文2篇、其他机构发文量均为1篇，如北京大学中国宏观经济研究中心、北京大学人事部合同保险办、北京大学人力资本研究所、北京大学历史学系、北京大学林肯研究院城市发展与土地政策研究中心、北京大学民营经济研究院、北京大学深圳研究生院汇丰商学院、北京大学社会经济与文化研究中心、北京大学社会责任研究所、北京大学经济与人类发展研究中心、北京大学经济研究所、北京大学软件与微电子学院、北京大学首都发展研究院、北京大学马克思主义学院等。

暨南大学总发文42篇，居于第六位，其中暨南大学经济学院发文21篇、以暨南大学为署名机构发文11篇；暨南大学管理学院发文4篇、暨南大学国际商学院（2篇）、其他机构均发文1篇，如暨南大学产业经济研究院、暨南大学人文学院、暨南大学统计学系等。

华南师范大学总发文41篇，居于第七位，其中华南师范大学经济与管理学院发文24篇、以华南师范大学为署名机构发文8篇，华南师范大学公共管理学院（2篇）、华南师范大学南海校区（2篇）、其他机构发文量均为1篇，如华南师范大学华南市场经济研究中心、华南师范大学增城学院、华南师范大学政治与行政学院、华南师范大学旅游管理系、华南师范大学法学院等。

吉林大学总发文41篇，华南师范大学总发文量相同，居于第七位，其中吉林大学马克思主义学院发文7篇、吉林大学商学院发文6篇、吉林大学东北亚研究院发文6篇、吉林大学数量经济研究中心发文5篇、吉林大学经济学院（3篇）、以吉林大学为署名机构发文3篇、吉林大学管理学院（2篇）、吉林大学哲学社会学院（2篇）、其他机构均发文1篇，如吉林大学中国国有经济研究中心、吉林大学军需科技学院、吉林大学南方研究院、吉林大学哲学基础理论研究中心、吉林大学数学学院、吉林大学法学院、吉林大学行政学院等。

中国劳动关系学院总发文41篇，与吉林大学总发文量、华南师范大学总发文量相同，居于第七位，其中以中国劳动关系学院为署名机构发文23篇、中国劳动关系学院公共管理系发文6篇、中国劳动关系学院经济管理系（3篇）、中国劳动关系学院劳动关系系（2篇）、其他机构发文量均为1篇，如中国劳动关系学院党政办公室、中国劳动关系学院学报编辑部、中国劳动关系学院工会学院工会教研室、中国劳动关系学院干部培训学院、中国劳动关系学院教务处、中国劳动关系学院文化传播学院、中国劳动关系学院法学系等。

西南财经大学总发文39篇，居于第十位，其中以西南财经大学为署名机构发文10篇、西南财经大学经济学院发文5篇、西南财经大学保险学院（4篇）、西南财经大学公共管理学院（4篇）、西南财经大学统计学院（4篇）、西南财经大学会计学院（3篇）、西南财经大学国际商学院（2篇）、西南财经大学工商管理学院（2篇）、其他机构均发文1篇，如西南财经大学中国西部经济研究中心、西南财经大学人口研究所、西南财经大学应用经济学博士后流动站、西南财经大学财政税务学院、西南财经大学金融学院等。

东北财经大学总发文36篇，居于第十一位，其中以东北财经大学为署名机构发文7篇、东北财经大学公共管理学院发文6篇、东北财经大学工商管理学院发文5篇、东北财经大学数学与数量经济学院（3篇）、东北财经大学研究生院（3篇）、东北财经大学经济学院（3篇）、东北财经大学国际经济贸易学院（3篇）、东北财经大学劳动就业与人力资本开发研究中心（2篇）、其他有4个机构均发文1篇，他们是东北财经大学会计学院、东北财经大学公共政策研究中心、东北财经大学财税学院、东北财经大学金融学院等。

2012年劳动经济领域科研机构的排名中，山东大学总发文36篇，与东北财经大学总发文量相同，居于第十一位。其中山东大学经济学院发文12篇、山东大学（威海）劳动经济研究所（6篇）、山东大学政治学与公共管理学院发文6篇、山东大学马克思主义学院发文 4 篇、山东大学管理学院发文 4 篇、其他机构发文量均为 1 篇，如山东大学历史文化学院、山东大学哲学与社会发展学院、山东大学威海分校法学院、山东大学经济研究院等。

六、结语

本文是在 2000～2011 年的文献计量之后的后续研究，为了对 2012 年与 2000～2011 年进行比较，所采用的分析方法、计量指标没有做出调整，与 2000～2011 年的文献计量分析完全相同。通过对 2012 年的计量分析，以及与 2000～2011 时段的比较，主要有以下结论需要加以讨论和说明：

（1）在关键词的共现分析中，根据频次和中介中心性的指标含义可知，2012 年备受关注的 10 大热点在关键词共现知识网络中分别显示为："农民工"、"就业"、"人力资本"、"劳动关系"、"人力资源"、"经济增长"、"人力资源管理"、"劳动者"、"劳动力市场"、"新生代农民工"。但通过比较发现农民工问题仍然是专家学者关注的一个研究领域，其次是与就业相关的研究，如就业结构、充分就业、就业制度、就业工作等问题的研究。根据 2012 年的关键词知识网络图谱显示，国内劳动经济学领域的研究还比较分散，没有集中在几个主要研究领域进行相关的研究，这也是国内研究者在劳动经济学领域进行研究着重要考虑的问题之一。

（2）在高产出作者和作者合作的可视化分析中，前 10 位的高产出作者中除了科研院所外，基本都是重点高校的一些研究者，从研究的内容上来看，互有交叉，但合作较少，只有以北京师范大学赖德胜、华南师范大学魏下海、南开大学周申的科研团队规模比较大，在其他科研团队中，以李强、李艳、张车伟为主的科研合作也相对比较突出。主要从事劳动力市场、就业优先就业增长等研究；国际贸易与劳动收入份额、收入差距与劳动收入变动等问题的研究；中国工业部门的熟练、非熟练劳动替代弹性、贸易结构与就业结构、工资溢价、"同质"劳动收入差距等问题的研究；民营中小型企业管理、人力资源管理专业的实践教学、项目化教学、考核方式改革等问题的研究；返乡农民工再就业服务体系、权益保障体系的构建等问题的研究等。这表明国内劳动经济学领域的研究团队的组建意识不够强，还没有引起研究机构和研究者的重视，这将是我国劳动经济学研究领域着重要解决的课题。

（3）在科研机构的可视化分析中，发文量前 10 位除了中国社会科学院外，其他都是高等院校，其中包括这些高校下属的科研院所。首都经济贸易大学劳动经济学院发文量最高，但如果不区分学院、系别，只统计到大学、院所，中国人民大学发文量最高。因此可以看出，劳动经济领域的科研及论文发表基本还是以各大高校为主。虽然某个大学的发文量不高，但是其下属的某个学院，或研究所的发文量却名列前茅；还有一些学校的发文量高主要是其下属的研究机构较多。从合作上来看，也基本是高校之间的合作,产学研合作较少,这是我们未来科研中重点发展方向。

本文采用的计量分析方法主要是以 CNKI 发表的期刊论文进行的文献计量分析,目的是可视化显示 2012 年一年内国内学术界劳动经济研究领域的研究现状、热点、高产作者、科研机构。可能会因为标引者效应、检索数据的数据库录入遗漏、软件阈值的设置,分析结果与实际情况可能会存在一点点偏差,这也是文献计量中目前需要逐步完善解决的问题。需要加以说明的是,软件运行的结果可能与 CNKI 数据库的统计结果存在微小差异,主要是在进行计量分析之前对数据进行了标准化处理,我们按照本研究的观点,将不属于学术论文的文献做了删除,没有在有效数据范围内,软件是自动读取数据并进行分析,其分析结果中可能存在合并同类项的问题。

Chinese Labor Economic Research Areas Bibliometric Report (2012): Based on CiteSpace Visualization Analysis

Research Group

Abstract: Basing on labor economic research papers in CNKI in 2012, this paper uses CiteSpace visualization software to quantitatively analyze keywords, authors and respectively. The results show that study of domestic labor economics research is still relatively decentralized in 2012, and it is not concentrated in a few major research areas. Authors of high output and co-author are basically key universities' researchers, which indicates formation of national research team consciousness in the field of labor economics is not strong, and it doesn't attract attention of research institutions and research; visualization research of research institutions shows that labor economics papers are mainly published in major universities in 2012, and the university-industry cooperation is little.

Key words: *labor economics   CiteSpace   co-occurrence analysis   visual analysis*

劳资关系

私营企业劳资关系国内研究进展及评述

李玲娥 郭欣亮 张静志[*]

摘　要：改革开放以来，私营经济日益成为我国社会主义市场经济的重要组成部分，随之私营企业劳资关系不和谐问题逐步凸显，侵犯员工合法权益的现象时有发生，这与我国构建和谐社会的目标相悖，如何协调劳资矛盾、构建和谐的劳资关系关系到我国经济的长远发展和社会的稳定。本文对国内关于私营企业劳资关系的实证分析、国外处理劳资关系的经验、构建和谐劳资关系的对策、我国劳资关系演变的趋势等方面的研究成果进行评述，以期对相关研究有所帮助和启示。

关键词：私营企业　劳资关系　劳资冲突

改革开放以来，随着我国所有制结构的调整，私营经济逐步地得到恢复和发展，并日益成为社会主义市场经济的重要组成部分。劳资关系是私营经济发展中的一个重要问题，劳资关系是否和谐关系和影响着私营经济能否实现可持续发展，也势必影响着我国社会经济的稳定和发展。我国学术界对私营企业的劳资关系问题进行了深入探讨，取得了丰硕成果。本文对我国学者关于私营企业劳资关系的实证分析、国外处理劳资关系的经验、构建和谐劳资关系的对策、我国劳资关系演变的趋势等方面的研究成果进行述评，并对未来可能的研究趋势进行展望。

---

[*] 李玲娥，山西财经大学经济学院教授，博士生导师，E-mail：leli945@sohu.com；郭欣亮、张静志，山西财经大学经济学院硕士生。本文是教育部人文社会科学研究规划项目《中国现阶段私营企业劳资关系研究——以山西省为例》（项目批准号 09YJA790130）、山西省哲学社会科学"十一五"规划 2007 年度项目《构建私营企业和谐劳资关系研究——以山西省为例》、山西省 2011 年人才引进与开发专项资金的阶段性成果。

一、关于私营企业劳资关系的实证研究进展

(一) 劳资冲突的界定

劳资冲突是劳资关系不和谐的一个集中体现。夏志强、杨红认为,劳资之间的冲突是普遍存在的,冲突是劳资双方的利益、目标和期望分歧很大甚至背道而驰时的表现形式。王维认为,劳资冲突主要是因双方利益、目标、期望出现差异或实现目标的方法不同而表现的争执、摩擦和心理对抗,也可表现为对立、互不相容的力量或斗争,从不满、愤怒、抱怨等最初的情绪反应,到偷懒、浪费材料、制造次品、辞职等报复行为,还有产业行动如怠工、罢工、纠察等都是劳资冲突的表现。

(二) 劳资关系不和谐的主要表现

夏小林、秦璐研究结果表明,我国劳资矛盾主要体现在三个方面。首先,在合约的签订和履约的效率问题上,普遍存在劳动合同签约率低而且合同质量不高,合同签订中双方存在地位不平等的现象。资方在履约过程中,工资水平支付不合理,广泛存在压低劳方工资,超负荷加班,恶意拖欠劳方工资的现象。其次,在生产环境和安全保障问题上,部分私营企业生产场所不仅安全条件落后,安全系数低,火灾、爆炸等事件严重威胁劳动者人身安全,而且大部分私营企业劳动者没有相应的社会保险。最后,在工会职能问题上,私营企业中工会组织作用效率低下,维护劳动者权利的作用薄弱,存在工会职能虚化的现象。

笔者认为,私营企业劳资关系不和谐主要表现在:一是一些私营企业工人的劳动时间超长,劳动强度太大。二是一些私营企业工人的劳动报酬低,并且屡遭拖欠。三是私营企业职工的福利待遇也不能令人满意,而且问题比较严重。四是有不少私营企业在生产经营中存在安全隐患,因为安全设施不完备而造成人员伤亡的事故时有发生,有些私营企业的工作环境对职工的身心健康造成了损害。五是私营企业工人不仅没有权益保障,更缺乏制度支持。

(三) 劳资关系不和谐的原因

王祖强将影响劳资冲突的原因划分为根本性根源和背景性根源,前者是指由劳资关系的本质属性所造成的冲突,即那些不具有生产资料及不能控制生产过程的雇员并不会得到最终利益。后者指一些更加可变的,比如产业、地域等因素造成的冲

突。郑红、汪虎山主要从资方、劳方以及外部因素三个方面分析了我国劳资关系失衡的原因。首先，从资方来说，由于我国资本的相对缺乏和劳动力的相对充足，使得资方处在有利的位置，往往为追求企业高额利润而忽视劳动者的权利。其次，就广大劳动者而言，劳动者素质的普遍提高，使得他们对于追求自身合法权益的期望和努力逐步提高。再者，由于外部因素的影响，国内大量私营企业不免融入了经济全球化的浪潮中，面对国外先进企业的竞争，国内大量私营企业的生存空间和剩余利润的获取，日益受到严峻挑战，而部分国内私营企业无奈之下为求生存，便攫取劳动者的利益。刘颖认为，中国劳动力市场机制的不完善、法律法规的不健全、政府管理目标的偏离以及劳资双方作为两大利益集团组织的发育不良，引发了私营企业劳资矛盾频发，劳工权益受侵害的现象。朱哲认为，抛开我国资本与劳动力失衡的国情，单就政府的角度而言，普遍存在部分政府把追求经济增长指标作为考核其政绩的硬性条款。在处理劳资冲突问题上，不仅不能站在合法的中立位置，而且担心加强对私营企业劳资关系的监管力度，会影响其政绩考核结果。基于此利益目标的驱动，导致部分地方政府对私营企业的侵权行为采取不作为或作为不足的情况。在市场经济体制还不健全的条件下，地方政府的自利行为助长了劳资关系中雇主的主导作用再加上政府对私企劳资关系监督力度不够等原因，助长了我国劳资关系的紧张。

笔者认为，私营企业劳资关系的和谐或紧张的最重要原因是雇工的工资水平、福利待遇及工作条件是否能够令他们满意。虽然大多数雇工对他们目前的工资水平感到比较满意，但问题是仍然有一部分私营企业忽视安全生产和劳动者权益保护，私营企业职工的福利待遇令人担忧。

二、关于国外处理劳资关系的经验研究进展

西方发达国家的私营经济发展历史悠久，有许多处理劳资关系的经验可供我们借鉴，国内学者对此进行研究，为我国构建和谐劳资关系提供了启示。

日本企业对于劳资关系的处理方式值得借鉴，国内大部分学者认为"终身雇佣制"、"年功序列制"和"集体协商制"构成了传统的日本型劳资关系的主体。在雇佣关系中，日本会社倾向于签订长期契约，工资待遇依靠年功序列。日本株式会社内部有着严格的金字塔形的等级结构，终身雇佣制和年功序列制给予跳槽者以惩罚，因而员工具有极强的创新力且产品质量高。但是，随着日本泡沫经济的破灭，新日本型劳资关系开始出现。刘国华、张青枝认为，日本战后初期因为资源短缺和长期通货膨胀等原因，导致劳资关系冲突此起彼伏。通过劳资双方的博弈，彼此最终达成妥协，形成了终身雇佣制惯例。但随着日本经济走向开放，终身雇佣制抬高用工成本的弊端也日渐显露出来。在泡沫经济破灭后，终身雇佣制和年功序列

制趋于解体，劳动力要素趋向市场化，新型的劳资关系正在重构过程中。吕守军通过对金融危机后日本企业以及政府政策法规等分析认为，随着日本泡沫经济的破裂，在长期萧条的经济环境下，新日本型劳资关系逐渐产生并发展起来，其特征为大量雇佣非正规劳动者和采用成果主义工资制度。而同时，传统的日本劳资关系并没有完全破产，因而当前日本的劳资关系呈现出多样性和复杂性。刘晓倩就日本劳资双方新兴的集体谈判机制"春斗"进行了论述，"春斗"即集体谈判，其运作的机制大致为，每年具有谈判和协商能力的产业工会与雇主进行集体谈判达成相应的可观成果，然后相对弱小的工会基于上述谈判的结果为基准，再与其雇主进行谈判，久而久之便形成了一种新兴的制度化的集体谈判机制。"春斗行情"即通过"春斗"得来的加薪比例和合理的工作时间等逐步成为日本各大企业雇主和政府组织重点参考的信息，当前在日本"春斗"逐步走向一种制度化的模式。

赵曙明、赵薇对比分析了美国、德国和日本的劳资关系管理实践，认为健全的劳资关系立法和有效的劳资纠纷解决机制在实现劳资关系的协调与稳定方面起到了重要的作用。三国的政治、经济和法律环境不同，但劳资关系管理的目标都是尽量采用非正式或协商的方式来解决劳资纠纷，强调劳资双方的合作与和谐。他们认为，我国的劳资关系管理应针对目前所处的特殊的经济转轨和社会转型的大环境，以及企业特定的工作条件、市场环境等情况，对劳资关系管理制度做出相应的调整，充分发挥政府的协调和监督作用，建立和健全劳动法规，加强工会的力量，全面推行劳资关系的三方协调机制，促进劳资合作，从而实现劳资关系的协调和稳定。

梅金平、郑双雨分析了发达国家不同的集体谈判机制模式，他们认为欧洲发达国家的集体谈判机制模式分为西欧模式、中欧模式、北欧模式和南欧模式。西欧模式的代表国家为英国，是市场主导型；中欧模式以德国、比利时、荷兰等国家为代表，是市场与政府共同协调型，雇主的组织率较高；北欧模式则以丹麦和瑞典为代表，其中丹麦的企业工会具有极高的组织率，这使得雇员能获得更多的制度支持，这也是北欧模式的主要优势；南欧模式以法国、西班牙、希腊为代表，是政府主导型。除了西欧模式外，其他三种模式的集体谈判覆盖率都比较高。

梅金平、郑双雨还分析了发达国家针对劳资关系的法律，如美国颁布了《美国国家劳资关系法》，鼓励集体谈判的做法，保护员工充分的结社自由；英国颁布了《产业关系法案》，承认工会的地位和作用，制定了谈判机制；德国《集体协议法》明确规定了集体协议当事人的权利和义务；《工作场所中的共决权》是瑞典集体谈判最重要的法律，规定劳资双方共同决定生产、投资等方面的问题；澳大利亚《工作场所关系法》强调劳资矛盾应尽量在基层解决，而不是由产业关系委员会大包大揽；日本《劳动组合法》、《劳动基准法》、《劳动关系调整法》是日本调整劳资关系的基本法律。他们认为，我国急需建立专门的针对劳资关系的法律法规。我国《劳动合同法》虽然明确规定了建立劳资关系的协调机制，但仍然缺乏一部针对三方协调机制有效运行的特定的劳资关系法律法规。

三、关于构建和谐劳资关系的对策研究进展

国内学者的大部分研究认为,提高政府和工会的监督和协调职能,力求在雇主和雇工之间建立一种和谐的劳资关系,对有效地改善我国的劳资冲突问题具有重大的意义。刘颖认为,针对我国私营企业劳资关系的现状,立足于我国市场经济体制发育的实际,目前应建立政府主导型的私营企业劳资关系调整机制,并加快培育劳资双方组织,为劳资关系的调整机制由政府主导模式向社会主导模式的转变创造条件。朱哲认为,构建和谐劳资关系,首先必须转变政府的管理理念,要转变政府的经济发展观和政绩观,改革公务员政绩评价标准,把建立和谐的劳资关系作为构建和谐社会的重要任务。其次,加快调节劳资关系的法律体系建设,解决现有法律存在的可操作性差等问题。再者,加大对私营企业劳动监察的力度。劳动保障监察是我国政府干预劳资关系、维护劳动者权益的重要途径。最后,加快提高广大劳动者的识法、懂法的步伐,从根本上提高他们通过法律手段维护自我合法权利的意识。

由此可见,我国学者非常重视政府在构建和谐劳资关系中扮演的角色,我国属于典型的政府主导型市场经济模式,当前正处在经济发展的转轨时期,各项法律制度尚不完善,政府利用一定的行政手段来干预市场经济发展,有其特有的优势,而尊重和发挥工会和企业协会的地位和作用,搭建工会、企业协会、政府三方之间的协商谈判平台,对构建和谐劳资关系同样至关重要。

国内学者对如何利用和发挥工会、协会、政府间"三方协商"的平台,来解决劳资双方间的矛盾进行了探讨。罗竖元认为,劳资冲突和争议需要发挥劳资双方的积极性和主动性,在平等协商的基础上解决问题。劳资关系三方协调机制是由劳动部门代表政府、资本所有者组织代表企业、工会代表劳动者针对工资、就业保障、工作条件和其他待遇等方面的问题进行集体协调的机制。"三方协商"机制可以有效发挥集体谈判的效用,有效克服劳资关系中存在的内在不平衡,有助于缓解劳资冲突。夏小林认为,有效解决劳资关系冲突问题,既需要完善政府、工会、雇主组织的职能和组织建设,也需要调整或校正存在于政府和工会某些部位中的不当目标和行为。治理失衡的劳资关系,必须要纠正政府的政绩观,配合发展企业外的区域、行业性集体谈判机制。杨萍认为,工会组织建设是建立新型劳资关系的组织基础。除了各个企业要建立工会之外,还应该在国家有关劳动管理部门的支持下,建立行业性工会。各级人民政府劳动行政部门应当会同同级工会和企业方面代表,建立劳动关系三方协商机制,共同研究解决劳动关系方面的重大问题。

胡莹认为马克思关于劳资关系的一般性理论仍然适用于社会主义市场经济,对于构建社会主义和谐劳资关系具有重要的指导意义。她认为,虽然我国的经济发生

了巨大的变化，但强资本、弱劳动的局面仍然是存在的，劳资关系中，劳动者仍然处于弱势地位，因而国家在政策上应该向劳动者倾斜，在构建社会主义和谐劳资关系的过程中，要以公平分配和利益分享为主要方式，以人的全面发展为根本目标。

四、关于我国劳资关系演变的趋势研究进展

随着大的经济环境和企业本身经营状况的变化，劳资关系不断地处于稳定与冲突交替变换之中，因而劳资关系的研究必须与时俱进，以发展的观点来研究。目前我国处于经济转型期，经济、社会以及文化结构和利益格局都将发生深刻变化，劳资矛盾将进入多发期。国内学者从多角度对我国劳资关系的新变化和新趋势进行了分析。

（一）劳动者构成的变化

布茂勇认为，现代劳动力市场中涌入大量 80 年代、90 年代出生的新生代员工，由于知识结构和自身经历等原因，他们对现代企业的管理模式和制度有着强烈的要求变革的愿望，但这些新生代员工自身缺乏责任心和忠诚度，表现为不够敬业和频繁的跳槽，他们将与企业的关系看做是纯粹的雇佣关系，相对于待遇来讲，他们更加注重自我的成长和自我价值的实现，厌恶受到约束，因而从企业的角度来看，需要实行更加人性化的管理模式。

（二）就业结构的变化

何慧婷认为，我国正处于经济的转型时期，劳动力市场发生了较大的变化，集中体现为非正规就业的迅速增长，包括进城务工人员、农民工、下岗再就业人员等，劳资关系呈现出一种有劳动没关系的特征，这直接导致了企业的用工不规范，且企业也无法保证员工的社会保障和福利。陈玉明、崔勋也分析了非典型雇佣方式的使用增加对于企业劳资关系的影响，他们认为，很多私营企业为了降低成本等因素，会增加临时用工等非典型的雇佣方式，使劳资关系短期化、多样化，且非常不稳定。申晓梅、陈静、崔佳春分析了非正规就业的劳动者体现了职业层次低、工作不稳定、劳动合同签订率低等特点，劳资关系呈现出短期化态势，非正规的就业员工缺少技能培训和晋升机会，游离于企业劳资体系之外，缺乏应有的社会保障，劳动争议处理制度建设不完善，纠纷难以及时化解。

（三）企业主的变化

曹大友认为，我国劳资关系在逐渐正规化、市场化、法制化、规范化、集体化

的过程中，企业主阶层日渐成熟，而随着员工阶级的意识觉醒，企业主的优势地位有所减弱，劳资关系总体上倾向于合作共赢共享。谢茂拾、谢边岑、黄海艳、赵红梅提出企业家生命周期与企业劳资关系存在正向相关关系，如果企业家能够正确有效处理好劳资关系，建立一种企业家与职工之间的共生性劳动关系，将促使企业长期持续健康地发展。

（四）技术和管理因素的变化

杨斌、戴晓澜认为，新技术、新设备的应用需要企业内劳动者及其组织方式的适当调整才能发挥其功效，因为技术作为科学和技巧融合的产物，具有自然和社会的双重属性，劳资关系会对技术创新与应用产生重要的影响。要充分发挥技术和设备的潜力，必须在企业中实现劳动关系对技术变化的长期动态匹配。陈万思、余彦儒认为，参与式管理有助于提升劳动者的士气和劳动生产率，加强劳资双方的信任，增加企业决策的透明度，让员工充分参与到企业的投资决策中，这样即便决策失败，员工也会愿意共同承担责任。

五、简评与展望

西方资本主义制度历经数百年的发展，国外对于劳资关系的研究也有长期的积累，我国学术界在吸收借鉴国外对于劳资关系的理论研究成果和实践经验基础上，结合我国现阶段经济社会发展的特点，对我国改革开放以来私营企业劳资关系做了比较全面的分析，提出了构建和谐劳资关系的政策建议，充实了劳资关系方面的研究，对实践起到了一定的积极的影响。

国内学者对于劳资关系的研究涉及的范围较广，分析也比较深入。从研究内容看，既有对我国劳资关系现状的实证分析和对策探讨，也有对国外处理劳资关系经验的总结，并开始结合企业的经营环境、企业的生命周期、员工人性化管理等进行分析，拓展了对劳资关系的研究视野。从分析方法看，学者们开始从定性分析转向案例和定量分析，开始尝试融入博弈论等模型分析。

已有的研究一般都将分析的重点放在劳资关系本身，即生产关系上，而实际上劳资关系是一个综合性、系统性的问题，它与社会经济环境、企业的经营状况等存在千丝万缕的联系，因此对于劳资关系的研究也应该放在更宽泛的视野上进行探讨。劳资关系不仅仅影响到劳资双方的权益，也会影响到企业的经营状况、政治的稳定和社会环境等的变化，因此在强调构建和谐劳资关系的过程中，不能忽略掉企业的经营环境、政策的空间以及资源环境的承载能力。

对于劳资冲突的研究，多数文献比较注重较为激烈的劳资冲突，如利益冲突、罢工等尖锐的劳资矛盾，但不可忽视的问题还有劳动者的一些较为消极的抵抗，尤其在劳资力量失衡的雇佣关系中，劳动者很难去积极地维护自身的权益，因而会有一些消极的抵抗，如生产行为中的偷懒、磨洋工等，这些问题在将来的相关研究中应给予更多的关注和重视。

未来的研究应当更多地关注于对私营企业劳资关系的实证分析方面，尤其是针对各地不同情况在调查基础上，提出具有操作性的建议和对策。同时也应当更多地关注于国外私营企业劳资关系的变化对我国的影响。

参考文献

1. 夏志强、杨红：《劳动关系与劳动法》，四川大学出版社2007年版，第45~47页。
2. 王维：《国内外劳资冲突管理研究综述》，载《企业管理》2011年第2期。
3. 夏小林：《国家发改委知名专家夏小林谈非公有制企业中的劳资关系》，载《乡镇企业科技》2004年第10期。
4. 秦璐：《私营企业劳资关系存在的问题与解决途径》，载《经济问题探索》2005年第9期。
5、10. 李玲娥：《论中国现阶段私营企业的分配关系》，经济科学出版社2004年版，第35、115、131~133页。
6. 王祖强：《劳资关系与员工权益》，中国经济出版社2007年版，第74页。
7. 郑红、汪虎山：《从富士康事件看我国当前劳资关系问题》，载《中国集体经济》2010年第24期。
8、17. 刘颖：《构建私营企业劳资关系的协调机制研究》，载《科学社会主义》2006年第6期。
9、18. 朱哲：《我国私营企业劳资关系存在的问题与对策》，载《经济纵横》2008年第8期。
11. 刘国华、张青枝：《论战后日本劳资关系的演变及历史经验》，载《科技和产业》2011年第4期。
12. 吕守军：《日本劳资关系的新变化及其对中国的启示——基于法国调节学派制度理论的研究》，载《教学与研究》2011年第11期。
13. 刘晓倩：《日本劳动关系的调整变化与启示》，载《生产力研究》2010年第2期。
14. 赵曙明、赵薇：《美、德、日劳资关系管理比较研究》，载《外国经济与管理》2006年第1期。
15、16. 梅金平、郑双雨：《发达国家处理劳资关系的经验及启示》，载《华中农业大学学报》（社会科学版）2011年第5期。
19. 罗竖元：《走出私营企业劳资关系困境——基于劳动者、雇主和政府三方博弈分析的视角》，载《长白学刊》2010年第1期。
20. 夏小林：《私营部门：劳资关系及协调机制》，载《管理世界》2004年第6期。
21. 杨萍：《我国私营企业劳资关系存在的问题及探索》，载《郑州航空工业管理学院学报》2010年第4期。
22. 胡莹：《论马克思的劳资关系理论与构建社会主义和谐劳资关系的相向运动》，载《求实》2011年第7期。

23. 布茂勇：《员工的人性与管理模式的选择——以富士康企业员工系列自杀事件为例》，载《第四届劳动关系年会论文集》，2011年10月15日。

24. 何慧婷：《劳动力市场的变化对劳动关系的影响》，载《第四届劳动关系年会论文集》，2011年10月15日。

25. 陈玉明、崔勋：《雇佣方式多元化对企业雇佣关系的影响——多元化视角的分析》，载《第四届劳动关系年会论文集》，2011年10月15日。

26. 申晓梅、陈静、崔佳春：《非正规就业劳动关系调整机制研究——基于对低人力资本城市农民工群体的调查》，载《第四届劳动关系年会论文集》，2011年10月15日。

27. 曹大友：《劳动关系转型背景下私营企业的人力资源管理策略调整》，载《第四届劳动关系年会论文集》，2011年10月15日。

28. 谢茂拾、谢边岑、黄海艳、赵红梅：《企业家生命周期与共生型劳动关系建设：一项基于实证的理论解释》，载《第四届劳动关系年会论文集》，2011年10月15日。

29. 杨斌、戴晓澜：《技术进步与劳动关系的动态适应——集装箱运输产业的启示》，载《第四届劳动关系年会论文集》，2011年10月15日。

30. 陈万思、余彦儒：《参与式管理对劳资关系气氛的影响研究——以组织公平为中介变量》，载《第四届劳动关系年会论文集》，2011年10月15日。

Labor Relations of Private Enterprises: Commentaries on the Latest Researches in China

Li Linge Guo Xinliang Zhang Jingzhi

Abstract: Since the introduction of reform and opening-up policy in China, private economy has gradually become an important part of the Chinese socialist economy. But correspondingly, inharmonious labor relations have also become a problem for private enterprises, with violations of employees' legal rights occurring more and more frequently. This runs contrary to the goal of building a harmonious society in China. To better resolve labor conflicts and construct harmonious labor relations are therefore fundamental to the long-term economic development and social stability for China. This paper provides commentaries on the following research results: empirical analyses of the labor relations of private enterprises in China; foreign experience in handling labor relations; countermeasures to build harmonious labor relations; the evolvement of Chinese labor relations; etc. It is the hope of the paper that the commentaries provided could be helpful for further researches.

Key words: *private enterprises labor relations labor conflicts*

北京市劳动争议调解组织建设调查研究

曹洋 田辉*

摘 要：作为柔性化处理劳资纠纷的一种形式，劳动争议调解具有经济、高效、和谐的特点，因而在处理劳动争议中具有比仲裁、诉讼更为明显的优势，所以劳动争议调解组织的建设对劳动争议处理具有非常重要的作用。调查研究北京市各级政府部门及行业、企业共同构建的"网格化"立体劳动争议调解网络，最大限度通过非诉方式解决劳动争议，努力把劳动争议化解在企业、化解在基层、化解在萌芽状态的做法，研究其中的经验与不足，对于构建和谐劳动关系具有重要意义。

关键词：劳动争议 调解组织 调查

一、引言

自 2008 年 5 月 1 日起施行的《中华人民共和国劳动争议调解仲裁法》和专门的调解仲裁管理行政部门（各地均设立了劳动争议仲裁委员会）的设立，劳动争议调解具有的经济、高效、快捷、和平解决的优势使之逐渐成为劳资争议双方的首要选择。2008~2012年，仅北京劳动调解仲裁部门就共受理劳动争议案 20 万余件，涉及劳动者近 10 万人，争议额 16.4 亿元，其中劳动报酬 5.9 亿元。北京市发生集体争议案件数量多，涉及劳动者人群广。但劳动争议调解组织的建设相对滞后，这既使劳动仲裁部门受理的案件数量逐年增加，同时也使劳资争议双方的成本增加，也不利于劳资双方和平解决问题。因此，劳、资、政三方都非常迫切劳动争议调解组织的建设，力图通过劳动争议组织将劳动争议化解在基层，化解在萌芽状态。

---

* 曹洋，北京劳动保障职业学院劳动经济管理系教师，首都经济贸易大学统计学博士，E-mail: caoyang81@126.com。田辉，北京劳动保障职业学院劳动经济管理系教师，首都经济贸易大学劳动经济学博士。
资助项目：1. 国家社科基金项目《中国现行社会福利保障制度下城镇贫困人口的统计研究》（项目批准号：11BTJ002）；2. 北京市自然科学基金项目《北京市农村养老保险收支状况平衡分析及制度标准测算研究》（项目编号：9122004）；首都经济贸易大学研究生科技创新重点资助项目"北京外来人口社会保障体系统计·研究"（项目编号：201122）。

二、调查方法与数据来源

为了掌握北京市劳动争议调解组织及参与处理劳动争议的情况，课题组于2012年8~10月，对北京市274家企业、8个乡镇街道发放了调查问卷，对4家多家企业集团、行业协会、社会力量团体、乡镇街道劳动争议调解组织进行了访谈调研。调查数据及统计年鉴数据是本文的数据来源。

调查采取了实地调研、重点个案调研和政府部门访谈与重点企业座谈等方式。对北京市274家企业的调研采取了分层抽样调查方式，从北京市各个支柱产业、特色产业和战略新兴产业中分别抽取样本。对8家乡镇街道劳动争议调解组织的调研采用了问卷和实地访谈相结合，问卷采取随机抽样进行发放，由乡镇街道劳动关系科人员负责填写，实地访谈了中关村街道等劳动争议多发和处理较好的典型进行访谈。对大型企业集团、行业协会以及社会力量团体的劳动争议调解组织建设采用重点个案调研和座谈会，重点个案调研了首钢集团、费博斯人力资源集团等劳动争议调解组织建设典型企业，共召开座谈会4次，对北京市各个行业的企业进行劳动争议调解访谈和讨论交流。

三、北京市劳动争议调解组织建设调查分析

（一）企业劳动争议调解组织建设调查分析

根据"北京市关于进一步加强劳动争议调解组织建设的工作意见"的文件精神和北京市产业结构特点，北京市逐步推动指导企业依法建立健全劳动争议调解委员会，鼓励和帮助企业自主解决劳动争议，推动企业建立劳资沟通对话机制，畅通意愿表达渠道。

1. 企业劳动争议调解组织建设实践。

第一，大中型企业劳动争议调解委员会组建率不容乐观。按照《企业劳动争议协商调解规定》第十三条规定："大中型企业应当依法设立调解委员会"，但是接受调研的274家企业中，中型以上的企业占到了38%，但仅有31.8%的企业设立了劳动争议调解委员会。

第二，企业劳动争议调解委员会组建与否和多重因素相关。首先，企业组建劳动争议调解委员会与否和政府政策高度相关，北京市中型以上企业劳动争议调解委员会组建率之所以比较高和北京市着力推动重点行业、重点企业、大型企业进行组织建

设相关。其次,企业是否组建劳动争议调解委员会和企业管理层对其作用的认知、企业员工的人数规模、劳动争议调解组织建设给企业带来的成本收益相关,调查显示,未组建劳动争议调解组织的企业,49.4%的企业是由于企业管理层没有认识到劳动争议调解组织的作用,21.5%的企业认为由于员工人数较少,所以没有建设劳动争议调解组织的必要,19.8%的企业认为组建劳动争议调解组织额外增加了企业成本。

第三,企业员工对企业劳动争议调解委员会的认可度不高。在企业劳动争议调解组织的作用调查中,员工对企业争议调解组织的作用认可程度不是很高,47.35%的企业员工认为企业劳动争议调解委员会在调解劳动争议时的作用一般,23.45%的企业员工认为不起作用,详见图1。

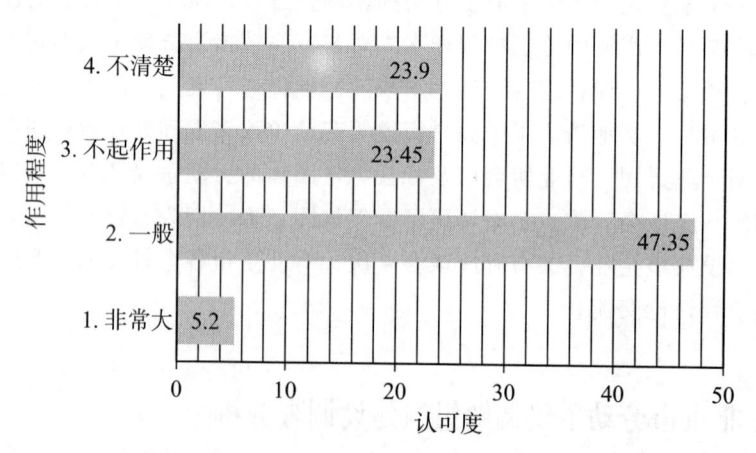

图1 企业员工对企业劳动争议调解组织作用的认可度

第四,企业员工对企业建立劳动争议调解组织的愿望非常迫切。在未建立劳动争议调解组织的企业中,有59.5%的企业员工希望未来企业有组建劳动争议调解组织或者在企业设立劳动争议调解员岗位的计划。

2. 企业劳动争议调解组织运行情况。

第一,企业员工对工会在企业劳动争议调解组织中的作用满意度不高。调查显示,在企业劳动调解组织运行的过程中,员工认为工会的作用是"适时的将职工的意见反映给企业上级领导,避免劳动争议的发生"占到被调查者的47.2%,而仅有13.7%的员工认为工会"参加了基层劳动争议调解组织,发挥调解职能"。

第二,劳动争议案件频发的企业相对集中。从企业发生劳动争议的数量看,虽然北京市总体上劳动争议的案件逐年攀升,但劳动争议案件频发的企业相对集中,调查显示,在调研的274家企业中,185家企业近三年劳动争议案件的数量以1~10起,占到了67.5%,而无争议案件的占23.4%,而发生11~20起及20起以上劳动争议案件的企业仅有7.7%和1.5%。所以,这种劳动争议案件集中在个别企业的现象使未发生劳动争议的企业存在侥幸心理,企业管理者总会认为企业不会发生劳动争议，所以组建劳动争议调解委员会缺乏压力和动力，这也是企业劳动争议调解委员会组建率一直不高的原因。

第三，劳动争议的焦点比较集中。调研数据显示，从企业劳动争议发生的原因来看，劳动合同、劳动标准、劳动报酬仍然是劳资双方争议的焦点，占到了劳动争议发生原因的73.6%。

第四，企业员工发生劳动争议后希望选择的途径与事实的选择存在矛盾。从企业员工发生劳动争议后希望选择的途径来看，85.9%的企业员工发生争议后希望选择"企业内部的调解组织"解决。但是在员工在和企业发生劳动争议后，只有30.3%的企业员工在发生劳动争议时会先进行调解，而更多的员工会选择发生劳动争议后不会进行调解，占到总体的69.7%。造成这种现象的原因是多方面的，但43.4%的企业员工认为发生劳动争议后不选择调解，而选择直接仲裁的主要原因是"当事人不认可调解"，体现了劳动者对劳动争议调解缺乏信心。这往往导致小事件酿成了"大冲突"，使劳资双方的解决成本大幅上升。所以，推动在越来越多的企业建立劳动争议调解组织不仅是组织建设的需要，也是使企业从解决劳动争议"冲突"向预防劳动争议发生转变的需要。

（二）乡镇街道设立的具有劳动争议调解职能的组织建设调查分析

《劳动争议调解仲裁法》特别明确要"在乡镇、街道设立的具有劳动争议调解职能的组织"，但根据对8家首都核心区街道调研显示，乡镇街道设立的具有劳动争议调解职能的组织一般设在劳动科，由仲裁部门对劳动科的劳动争议调解工作进行业务指导。这和北京市135号文的规定相去甚远，工会负责推动的市、区、街乡三级区域性调解组织机构建设和产业园区区域性调解组织建设落实情况并不理想。

1. 乡镇街道设立的具有劳动争议调解职能的组织建设。

第一，工会在乡镇街道设立的具有劳动争议调解职能的组织中的作用有待提高。虽然调研的乡镇集中在首都核心区，但约有49%的乡镇、街道基层工会组建情况一般，13%的乡镇、街道基层工会组建情况较差。

第二，乡镇街道设立的具有劳动争议调解职能的组织在劳动争议调解过程的作用有待发挥。从调研街道对乡镇设立具有劳动争议调解职能的组织的作用评价来看，50%的乡镇街道认为自己所在乡镇、街道调解组织对发生劳动争议后调解的作用是一般的，25%的乡镇街道认为自己所在乡镇、街道对劳动争议调解不起作用，没有人认为作用非常大。由此表明，乡镇、街道基层工会对劳动人事争议调解的作用一般。

第三，乡镇街道劳动争议调解人员数量和技能结构不能适应劳动争议调解的需要。调研数据显示，在8家乡镇街道的调研中，4家乡镇、街道的调解工作人员不足2人，占比为50%，2家为2~5人，2家为5~10人，人员数量不足。同时，由于劳动争议调解的专业性较强，需要应用社会保障、心理学、劳动法等多方面的知识，所以劳动争议调解需要专业人才才能胜任。所以，有87%的乡镇街道提出劳动人事争议调解组织的人员由社会工作者构成较好，13%的街道提出由律师构成比较合理。

第四，乡镇街道设立的具有劳动争议调解职能的组织是街道劳动保障机构的搭载功能，而不是其基本职能。由于乡镇街道设立的具有劳动争议调解组织的功能主要与劳动科承担有关，乡镇、街道劳动争议调解工作人员的主要工作并没有集中在劳动争议工作上，根据图2作分类数据显示，乡镇街道劳动人事争议调解组织日常主要工作为其他，占比41.2%，从事劳动争议案件调解占其工作时间的35.2%，而从事劳动争议案件调查占其工作时间的比例仅为17.6%。

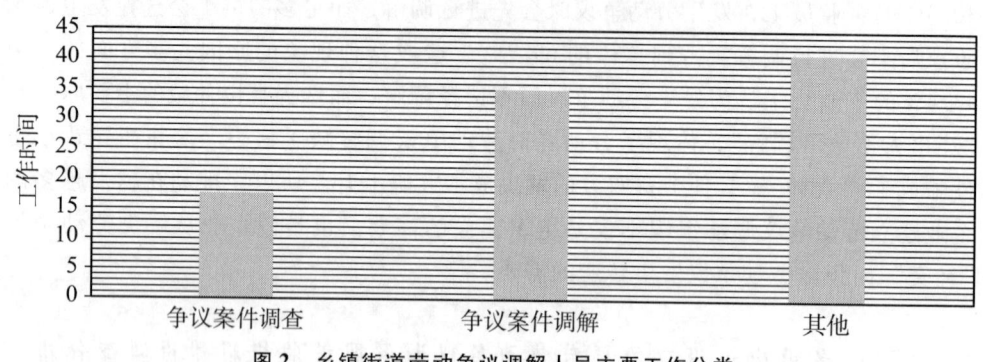

图2 乡镇街道劳动争议调解人员主要工作分类

第五，乡镇街道设立的具有劳动争议调解职能的组织缺乏专项经费的支持，工作人员对经费的来源也不明确。如有调研数据显示，有25%的乡镇街道自己从事的劳动争议调解经费来源于专项拨款，有50%的乡镇街道认为无经费来源（见图3）。而从相关的法律政策来看，乡镇街道设立的具有劳动争议调解职能的组织是没有经费来源的。

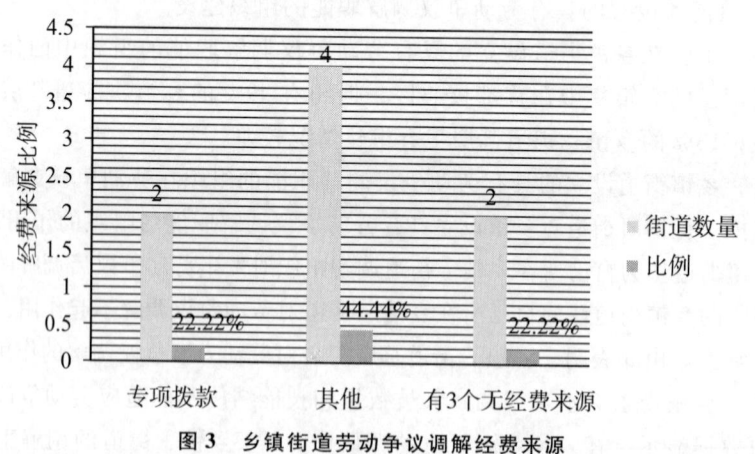

图3 乡镇街道劳动争议调解经费来源

综上，乡镇街道的劳动争议调解组织建设面临着政策框架下组织建设没有落实,缺乏人员支持、工作职责不清晰、专项经费来源不明确等问题。这和调研数据中,49%的乡镇街道认为劳动人事争议调解组织的困难是由于经费的问题,38%的乡镇街道劳动人事争议调解组织的困难是因为工作时间,13%的乡镇街道劳动人事争议调解组织的困难是因为从业人员人数不够（见图4）。由此表明,乡镇街道劳动人事争议调解组织运行实践中面临着制度没有落实、无专职固定工作人员、经费投入不足的困境。

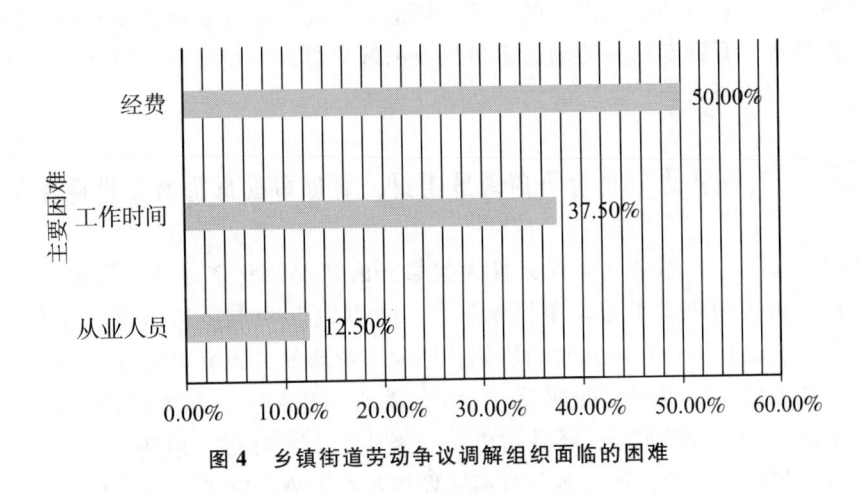

图4 乡镇街道劳动争议调解组织面临的困难

2. 乡镇街道设立的具有劳动争议调解职能的组织运行。

第一,乡镇街道设立的具有劳动争议调解职能的组织工作人员数量不能满足日益攀升的劳动争议案件调解的需要。在乡镇劳动争议调解组织的运行实践中,街道处理劳动争议案件的数量较大,以现有的工作人员难以有效处理。25%的街道每年调解劳动争议案件的数量为20~50起,另有25%的街道每年调解劳动争议案件的数量达到50起以上。而且,这些工作人员都是兼职劳动争议调解人员,他们的主要工作是从事劳动保障的其他工作而不是进行劳动争议调解。

第二,乡镇街道设立的具有劳动争议调解职能的组织工作人员技能结构有待改善。从调解争议案件的类型看,劳动争议案件的发生49%是由劳动合同引起的,38%是因为劳动标准,7%是因为社会保险,6%是由于沟通不当。这就要求劳动争议案件调解人员要熟悉劳动合同、劳动报酬、劳动标准、社会保险的相关规定,劳动争议调解人员需要劳动法、社会工作、社会保障、社会心理学方面的复合专业知识。

第三,乡镇街道的劳动争议调解人员还为预防劳动争议采取了一些措施。乡镇街道的劳动争议调解人员不仅要从事具体的调解工作,而且还要为预防劳动争议的发生采取一些措施。但在调研的街道中,仅有13%的街道采取了一些预防劳动争议的宣传措施,87%的乡镇街道由于人员和经费的限制没有采取一些预防措施。在各种措施的有效性调查中发现,50%的街道认为要预防劳动争议的发生对企业员工进行相关的宣传沟通比较有效,37.5%的街道认为应该鼓励企业营造良好的企业文化。

（三）人民调解组织建设调查分析

人民调解组织将劳动人事争议纳入人民调解的工作范围，积极开展劳动人事争议的调处化解工作。积极协调、沟通人力资源和社会保障部门，在有条件的区、县，建立专门的劳动人事争议人民调解委员会，建立及时有效化解劳动人事争议的工作衔接机制。在劳动争议多发的乡镇、街道，其人民调解委员会要积极借助基层劳动保障平台，开辟专门的劳动人事争议人民调解窗口，积极引导当事人通过人民调解解决争议纠纷。

（四）"六方联动"机制下的调解组织、制度和队伍机制建设调查分析

2009年6月，针对劳动争议案件大幅攀升的状况，北京市总工会牵头与市人力社保局、司法局建立了劳动争议调解"三方联动"机制。2010年，市信访办、市高级人民法院和市企联进入联动机制，形成了劳动争议调解"六方联动"机制。

1. "六方联动"组织机制建设。"六方联动"是在原"三方联动"的基础上发展起来的，"六方联动"机制是指由工会牵头，人力社保、信访、司法、法院、企业联合会等六方联动，整合各方资源，发挥各方优势，形成工作合力，以创新劳动争议调解制度为核心，以共同推动市、区县、街道乡镇三级区域性劳动争议调解机构建设和完善企业调解组织建设为重点，形成企业调解与区域调解的网络化全覆盖。目前北京市在"六方联动"机制下设立的调解组织框架如图5所示：

```
                        ┌─ 北京市劳动争议调解中心
                        │
                        ├─ 各个区县劳动争议调解中心
"六方联动"机制下成立的   │
  劳动争议调解组织       ├─ 街乡（产业园区）区域性劳动争议调解组织
                        │
                        ├─ 大型企业集团劳动争议调解中心
                        │
                        └─ 劳动密集型行业性劳动争议调解中心
```

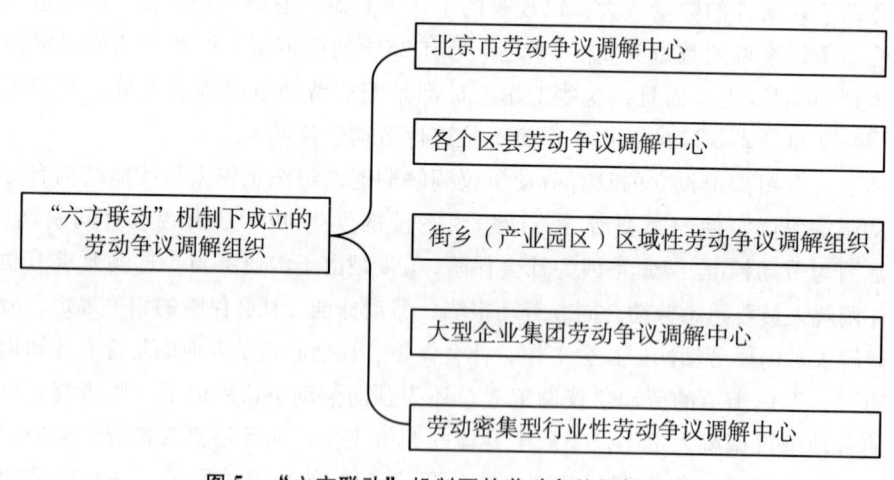

图5 "六方联动"机制下的劳动争议调解组织

目前六方联动机制在北京市经过三年的实践，已经逐渐成熟，成为了具有北京特色的典型劳动争议调解模式之一。各方在"六方联动"中的机构设置、人员配

备、经费开支、各方职能已经逐渐稳定，详见图6。

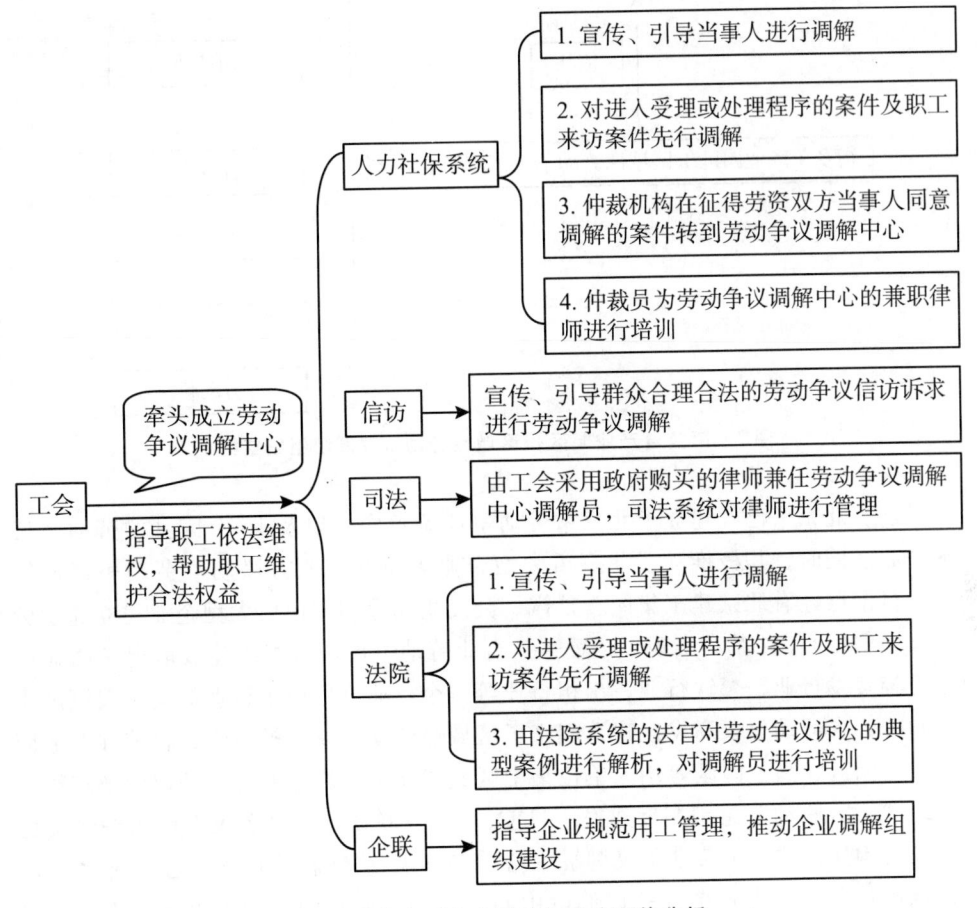

```
工会 ┬─ 牵头成立劳动争议调解中心 ─┬─ 人力社保系统 ─┬─ 1.宣传、引导当事人进行调解
     │                              │                 ├─ 2.对进入受理或处理程序的案件及职工来访案件先行调解
     │                              │                 ├─ 3.仲裁机构在征得劳资双方当事人同意调解的案件转到劳动争议调解中心
     │                              │                 └─ 4.仲裁员为劳动争议调解中心的兼职律师进行培训
     │                              ├─ 信访 ── 宣传、引导群众合理合法的劳动争议信访诉求进行劳动争议调解
     │                              ├─ 司法 ── 由工会采用政府购买的律师兼任劳动争议调解中心调解员，司法系统对律师进行管理
     │                              ├─ 法院 ─┬─ 1.宣传、引导当事人进行调解
     │                              │        ├─ 2.对进入受理或处理程序的案件及职工来访案件先行调解
     │                              │        └─ 3.由法院系统的法官对劳动争议诉讼的典型案例进行解析，对调解员进行培训
     │                              └─ 企联 ── 指导企业规范用工管理，推动企业调解组织建设
     └─ 指导职工依法维权，帮助职工维护合法权益
```

图6 北京市"六方联动"各方职能分析

从图6可以看出，在"六方联动"机制中，工会作为牵头单位，负责加强社会化维权机制建设，推动区域和企业劳动争议调解组织的规范化，选聘律师团队充实调解员队伍；司法行政部门依法推进人民调解组织开展劳动争议调解工作；劳动仲裁机构、信访部门和法院在处理劳动争议过程中，一方面宣传、引导当事人进行调解，另一方面对进入受理或处理程序的案件及职工来访件先行调解。企联负责指导企业规范用工管理，推动企业调解组织建设。在"六方联动"作用下，北京市建立起来了以市区、街、乡三级区域性调解组织为骨干，以大型企业集团劳动争议调解中心和行业性劳动争议调解中心为节点的互相交互的劳动争议调解组织。

街乡（产业园区）劳动争议调解组织依托人民调解委员会设立，由各镇乡、街道的司法所、社保所、企业办、劳动科、工会工作人员组成，负责本镇乡、街道注册企业发生劳动争议的协调和调解工作。其组织结构设计详见图7。

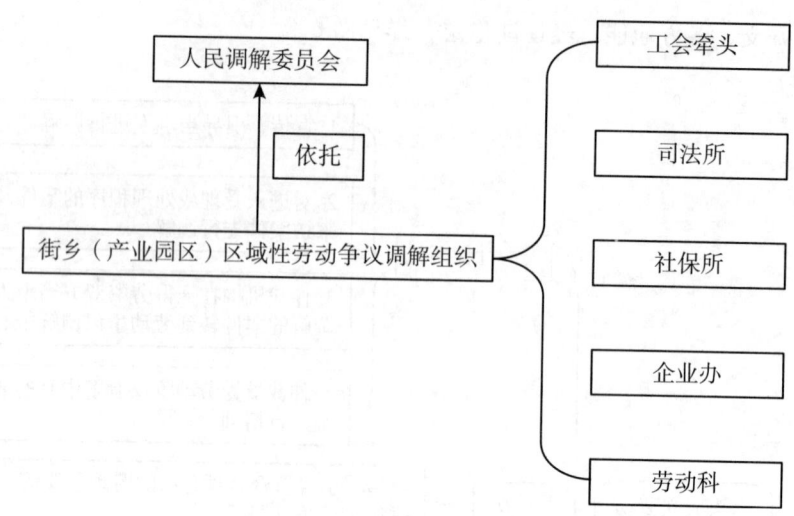

图7 街乡（产业园区）区域性劳动争议调解组织结构

目前，北京市已经建立了北京市劳动争议调解中心以及16个区县的劳动争议调解中心。同时，积极推动了北京市大型企业集团的"六方联动"劳动争议调解中心，目前已经有北京建工集团、首汽、公交集团等多家市属大型企业建立起了劳动争议调解中心，① 基本实现了全覆盖。行业劳动争议调解组织建设取得了明显成效，美容美发行业、餐饮行业、出租行业等多个行业已经成立了行业劳动争议调解中心。同时，在劳动争议高发区建立起来了区域性劳动争议调解组织，目前在产业园区、工业园区、高校园区等用人单位集中区域建立了区域性的劳动争议调解组织。

2. "六方联动"组织制度建设。目前，"六方联动"劳动争议调解组织制度已经形成，构建了北京市劳动争议调解中心、各区县劳动争议调解中心、街乡劳动争议调解组织、行业性劳动争议调解中心、大型企业集团劳动争议调解中心等纵横交互的调解网络。并已建立了各项调解工作制度和工作流程，包括六方衔接制度、劳动争议申请登记制度、调解结案记录制度、档案制度、案件分析通报制度等。

3. "六方联动"机制劳动争议案件调解成效。2009年至2012年10月12日，劳动争议调解由"三方联动"机制、"六方联动"机制妥善解决了一大批劳动纠纷。运行3年来，本市各级劳动争议调解中心共受理劳动争议案件65 173件，结案59 128件，调解成功43 848件，成功率达74.2%，涉及金额3.62亿元。②

（五）事业单位劳动人事调解组织调查分析

北京市事业单位各级人事争议调解组织属非常设机构，不占编制，由各事业单

①② 孙德强：《六方联动：多元矛盾调解的"北京实践"》，载《北京日报》，2012年10月12日。

位和主管部门决定设立。属县区（开发区）直属事业单位和事业单位主管部门的报县区（开发区）人事争议仲裁委员会办公室备案，属市直属事业单位和事业单位主管部门的报市人事争议仲裁委员会办公室备案。各级调解组织的调解工作具有相对的独立性，不受所在单位行政干预，以确保公正地维护单位和职工双方的合法权益。由此，在北京市建立起自下而上、组织健全、程序规范的人事争议调解制度。

（六）社会力量设立的劳动争议调解组织调查分析

为了形成应对劳动争议调解纠纷的合力，除上述调解组织外，还有行业调解组织、律师事务所设立的调解组织等，为了落实2009年10月人力资源和社会保障部、司法部、全国总工会、中国企联共同下发了《关于加强劳动人事争议调解工作的意见》提出的"推动和促进具有调解职能的其他社会组织及律师、专家学者开展调解工作，形成开放式的社会调解网络"的要求，北京赵天庆律师事务所在全国设立了首家劳动人事争议预防调解中心。

四、北京市劳动争议调解组织的建设成效

（一）形成了多层次的企业劳动争议调解网络

按照北京市劳动争议调解组织建设规划，目前北京市百人以上规模企业的劳动争议调解委员会，大型企业集团的劳动争议调解中心，人力资源、劳动密集型产业等重点行业的行业性调解组织基本实现了全覆盖，使劳资双方争议发生后的组织可及性有了很大提高。劳动者与单位发生劳动争议后，就可以先就近求助这些机构，以便有效节省解决纠纷的时间和双方的成本。

企业劳动争议调解在企业的知晓程度较高，企业建设劳动争议调解组织的愿望较强，组织设立了专门的调解室，制定了较完善的调解制度和工作流程，从企业内部选派责任心强、具备一定人力资源管理知识的职工代表作为兼职调解员。今后，企业劳动争议调解组织劳动争议调解组织将在当地人社部门的指导下，建立劳资协商对话和劳动争议预测预警等预防机制，建设专业化调解员队伍，及时总结企业调解方法和技巧，积极创造劳动争议预防调解新鲜经验。

同时，北京市企业劳动争议调解的制度规范化程度逐渐提高，形成了企业调解的各项调解工作制度和工作流程，包括劳动争议申请登记制度、调解结案记录制度、档案制度、案件分析通报制度等。

(二) 乡镇街道设立的具有劳动人事争议调解职能的组织成效显著

乡镇街道设立的具有劳动争议调解职能的组织虽然面临着诸多问题，但在实践中却取得了较好的效果。乡镇街道的劳动争议调解人员积累了丰富的调解经验，能更好地处理劳资双方的关系，更易掌握劳资双方的心理，街道的调解更容易为劳资双方所接受，调解成功率较高。而且，街道的调解具有时间短、调解及时、处理突发事件的反应较快等特点。所以，加大乡镇街道劳动争议调解组织建设能够更有效地将劳动争议化解在萌芽状态。

在提高乡镇街道劳动争议调解组织的认可度上，调查显示，75%的乡镇街道认为应该有一套完整的乡镇街道设立具有劳动争议调解职能的组织政策依据，从而能够解决困扰其调解的人员、经费、工作时间问题。

(三) 人民调解组织化解劳动争议网络和专业化优势明显

人民调解委员会劳动争议纳入调解范围后，发挥了人民调解组织遍布城乡的网络化和专业化优势，积极开展劳动争议调解工作。劳动争议多发的乡镇、街道人民调解委员会设立专门的服务窗口，及时受理并调解各种突发性劳动争议具有可及性。司法所指导人民调解委员会开展劳动争议调解的职能作用得到很好的发挥，有针对性地开展法律咨询和法制宣传工作，预防和减少劳动争议。

同时，司法系统利用自身专业优势积极为企业或者行业性劳动争议人民调解委员会的调解员进行岗前业务培训，选派优秀律师兼任兼职劳动争议调解员，提高了劳动争议调解队伍素质和调解水平。积极加强了对人民调解员调解劳动争议的业务培训，使人民调解员了解和掌握劳动保障法律法规及政策规定，掌握劳动争议调解的基本方法和技巧，提高调解劳动争议的能力和水平。

(四) 构造了多元的"六方联动"劳动争议调解模式

在"六方联动"机制的推动下，建立起了工会主导的市级劳动争议调解中心和各区县的劳动争议调解中心，以及企业集团主导的劳动争议调解中心，规模逐步扩大。

组织设计和组织结构日趋科学，由最初的"三方联动"到"六方联动"，使更多的利益相关者在劳动争议调解中心具有了话语权和发言权，从而提高了劳动争议调解的效力和效率。

在劳动争议调解中心的工作实践中，调解中心执行"劳动争议调解"的规范化和制度化程度逐渐提高，逐步建立起了劳动争议调解中心的工作制度，调解工作程序和调解工作人员行为守则等各种规范和制度性文件100多项。

劳动争议调解中心的队伍逐步壮大，一是联系"调解中心"的工会专职工作人员逐渐增多，二是由工会采用政府购买服务方式，由律师事务所提供服务，由律师和工会人员组成的"劳动争议调解中心"调解工作人员队伍逐步壮大。

（五）事业单位劳动人事调解组织成为化解人事争议的长效机制

北京市已经建立了完善的事业单位劳动人事争议预防调解工作体系建设，构建起事业单位、主管部门劳动人事争议预防调解双规运行、良好互动的工作机制，贯彻落实"预防为主、基层为主、调解为主"的工作方针。同时，各个事业单位主管部门对所属事业单位人事争议调解工作的指导加强了，做到简单争议由事业单位内部调解解决，复杂争议由单位主管部门调解解决。迄今，已经推动完成在教育、科技、文化、卫生等事业单位及其主管部门建立人事争议调解组织。切实发挥了调解组织预防争议的作用，规范事业单位人事管理，成为有效化解人事争议的长效机制。

（六）社会力量参与了劳动争议调解组织建设，形成了劳动争议调解多方参与的局面

社会力量参与劳动争议调解组织建设形成了多方参与劳动争议调解的局面。专业性的社会力量参与制定完善调解工作规则、帮助企事业单位建立有效的争议预防机制、建立健全调解员队伍、积极探索律师特有的调解方法和技巧等方面进行探索和尝试，为构建和谐劳动人事关系、维护社会稳定服务。

五、北京市劳动争议调解组织建设存在的问题

（一）企业劳动争议调解组织的公信力有待提高

数据显示，在调研的274家企业中，30.4%的企业员工对企业劳动争议调解组织比较了解，同时，57.7%的企业员工在遇到劳动争议时会选择企业劳动争议调解组织，劳方对企业劳动争议调解委员会的公信力不认可。这不仅会影响企业建立劳动争议调解组织的热情，同时，也会影响员工发生劳动争议后是否选择企业劳动争议调解组织进行调解。劳动争议调解组织的知晓度越高，企业组建劳动争议调解组织的热情越高，组建率越高，同时，员工选择企业劳动争议调解组织调解劳动争议

的概率越大。

所以，企业劳动争议调解委员会名义上有组织、有制度、有规范，却被"束之高阁"，职工甚至不知道企业设有劳动争议调解委员会。

（二）乡镇街道设立的具有劳动争议调解职能的组织受人员、经费和公众认可度的多重制约

乡镇街道设立的具有劳动争议调解职能的组织虽然取得了明显的成效，但由于面临人员、经费和组织建设的多方掣肘，造成乡镇街道设立的具有劳动争议调解组织的社会公众认可度还不够高。一方面，乡镇街道认为公众对乡镇街道设立的具有劳动争议调解职能的组织了解不够，只有50%的乡镇街道认为公众"听说过"乡镇街道争议调解组织，25%的街道认为公众"完全不知道"乡镇街道还有劳动争议调解组织。另一方面是在发生劳动争议后，50%的街道认为劳资双方首选的处理方式为选择企业劳动人事争议调解组织，只有12.5%的街道认为争议双方会选择乡镇街道劳动人事争议调解组织。但由于乡镇街道处在劳动争议案件发生的所属地，所以62%的街道认为"有必要在乡镇街道设立劳动争议调解组织"，从而可以就近、及时处理劳动争议。

（三）人民调解组织与其他调解组织缺乏互动衔接

人民调解组织在维护劳动者权益方面地位举足轻重，劳动者对司法的认可度较高。但由于人民调解组织建设并不是司法系统主要职责，因此，有些人民调解组织为了应付上级的命令而建立，"形同虚设"。根据调查，人民调解组织在处理劳动争议时很少启用人民调解机制。

（四）"六方联动"机制的运行评价

在"六方联动"机制的推动下，劳动争议调解中心和行业、企业劳动争议调解中心成为了基层劳动争议调解的重要一环。三年的实践，使劳动争议调解中心的组织设计框架得到了逐步完善，由最初的"三方联动"发展为"六方联动"，各方在机制中的职责得到细化和落实。劳动争议调解中心的制度化和规范化程度逐渐提高。劳动争议调解中心处理的案件数量有了显著的攀升，调解成功率逐渐提高。从功能上看，"六方联动"机制实现了把劳动争议化解在基层、解决在萌芽状态，使劳动者维权省时省力、便捷高效；同时，使群众合理合法的信访诉求，实现了由政府部门全程代理，化解多年的难题积案；劳资争议双方有疑惑、有情绪去"劳动争议调解中心调解室"，吐吐苦水、想想办法，使问题在谈判协商中得到了妥善解

决，避免了劳资冲突，如今，"六方联动"机制已经发展成为了一种多元、多层次的劳动争议调解模式中的重要一环。

（五）事业单位劳动人事争议调解组织作用有限

事业单位劳动人事争议调解组织的作用不大主要受到两大因素的影响：一是事业单位用工规范化程度较高，同时员工素质较高，遇到问题自主协商处理的可能性较大；二是事业单位劳动人事争议调解组织在单位的地位不独立，调解人员兼职多、单位的行政部门对调解委员会调解工作干预过多。

（六）社会力量设立的劳动争议调解组织不够规范

社会力量设立的劳动争议调解组织在名称上不够统一，有的称劳动争议调解指导委员会，有的称劳动人事争议预防调解指导委员会分会或劳动争议调解委员会，这在一定程度上降低了劳资双方对社会力量的劳动争议调解组织公信力。同时，社会力量参与的劳动争议调解组织建设虽然起到了很好的作用，但由于政府管理与约束缺位，这使得社会力量设立的劳动争议调解组织的规范化不够。

六、结论

北京市已经逐步构建了多渠道、广覆盖、社会化的调解网络体系，使劳动争议由"调解仲裁"向"预防和调解"并举转变。各级人力资源和劳动保障行政部门会同工会、企业组织指导企业依法建立健全了劳动争议调解委员会，100人以上企业劳动争议调解委员会组建率逐年提高，但企业劳动争议调解委员会的运行受到组织、人员和费用的多方制约。在"六方联动"机制的推动下，形成了具有北京特色的多元多层次劳动争议调解模式，形成了企业内部调解组织和社会化调解组织共同作用的"二元"调解组织格局，形成了规模以上企业建立劳动争议调解委员会，大型企业集团、行业建立劳动争议调解中心以及区域性劳动争议调解中心的"三层次"调解架构。乡镇街道设立的具有劳动争议调解职能的组织建设和运行积累了丰富的经验和优秀的做法。

所以，北京市劳动争议调解组织已经形成了北京特色的有企业、乡镇街道、人民调解组织、"六方联动"机制、事业单位劳动人事争议调解组织以及社会力量设立的调解组织等六大类型的劳动争议调解组织，形成了横向和纵向交叉、多管齐下、多点切入的"网格化"立体式劳动争议预防和调解体系。实现了劳动争议由显性的"调解仲裁"向隐性的"预防与预防并举"转变，把劳动争议消灭在萌芽状态；由"劳资对簿公堂"的仲裁与司法解决向"劳资温情协商"的谈判调解转变，使劳动争议在合作协商中解决，降低了劳资冲突；由劳动争议"找政府"向"找基层劳动争议调解组织"的思维方式转变，实现了劳资争议在单位内部、在基层解决，降低了劳动争议处理成本。

参考文献

1. 林燕玲：《劳工问题与社会和谐——南海本田事件对中国劳动关系和工会的影响》，载《科学发展：社会管理与社会和谐——学术前沿论丛》（上），2011年。
2. 郑莉、王娇萍、沈刚：《化解劳动争议应有理有力有序》，载《工人日报》，2011年。
3. 李冬华：《劳动争议解决机制实证研究》，载《北方工业大学学报》，2012年。
4. 张洋、刘云广：《论农民工法律援助机制的改革》，载《青春岁月》2011年第12期。
5. 龚和艳：《探索提升劳动争议案件处理能力》，载《中国劳动》2007年第6期。
6. 孙德强：《劳动争议调解制度的进步、缺陷及完善》，载《中国劳动关系学院学报》2008年第4期。
7. 孙德强：《企业劳动争议调解制度的体制缺陷及其完善》，载《中国劳动》2005年第8期。

Research on the Construction of the Beijing Labor Dispute Mediation Organizations

Cao Yang　Tian Hui

Abstract：As a form of flexible handling labor disputes, Labor dispute mediation has economical efficient and harmonious features, which has more than arbitration, Litigation has more obvious advantages in handling labor disputes. Labor dispute mediation organizations building on handling labor disputes has a very important role. Investigation of all levels of government and industry in Beijing, companies work together to build a "grid" of labor dispute mediation dimensional network. The maximum resolution of labor disputes through non-complaint resolve the labor dispute in the enterprise for building a harmonious labor relations.

Key words：*labor dispute mediation organizations　survey*

地方政府行为在劳资利益关系中的作用

杨 舒[*]

摘 要：本文主要从博弈视角出发，分析政府对资方的监督检查以及劳资冲突处理的行为对劳资双方在博弈策略选择上的影响，得出政府的有效干预会改变资方的支付函数从而使得资方由不合作变为合作，并进一步地提出通过完善政府的行为来促进和谐劳资关系构建的建议。

关键词：劳资关系 政府行为 博弈 罢工

在理性人的假设下，劳资双方都追求着各自利益的最大化，因此双方目标的不同难免会造成双方关于利益或权益的冲突。由于劳方在劳资关系中的弱势地位，我们更常见的是资方为了追求利润最大化而忽视或侵犯劳方的利益或权益。因而在构建和谐劳资关系的过程中，政府作为全体社会成员整体利益的代表，在平衡劳资双方的权益和利益方面责无旁贷。所以在劳资关系中出现的"市场失灵"，就需要政府这只"有形之手"进行有限的干预，以促进全社会的整体利益平衡。然而现实中，由于地方政府的目标导向和行为方式的不同，在劳资关系运行与调整的过程中，政府对劳资双方的态度有着很大的不同。也就是在不同目标的导向之下，政府会选择偏向于某一方的利益，这必然会影响劳资双方在博弈策略上的选择，进而影响到劳资双方利益的均衡。

国内关于政府与劳资关系的研究不是很多，并且大都是从政府在处理劳资关系中的作用和应该扮演什么样的角色出发的。对于政府行为与劳资关系的研究更是寥寥无几，目前国内仅有几位学者对此做出研究，如钱箭星（2007）认为地方政府对于劳动者维权的态度和作为是解决劳动者权益受到侵害的关键；方浩（2011）认为政府在调节劳资关系中其实是有着自身的利益的，并通过面板数据来分析劳动者争议胜诉率与对数人均 GDP、政府与市场的关系等六个变量之间的关系，并得出经济越发达的地区劳动者胜诉率越低，从而政府对劳动者的保护程度就越低。但是以上两者都是从劳动者单方与政府行为出发的，没有分析在劳资关系的框架下分析政府的行为。

有关劳资双方关于利益博弈的研究国内有很多，有的以利益博弈为出发点来研

---

[*] 杨舒，东北财经大学经济学院，劳动经济学硕士研究生，E-mail: dldcys@163.com。

究均衡机制的建立，有的是把政府作为局中人进行三方博弈分析。本文对政府的研究视角与上述有所不同，认为政府既然作为全体社会整体利益的代表，那么在劳资关系的运营过程中，政府的目标应该是全社会的经济福利的最大化，那么在这一目标下不同的政府行为可能会对劳资双方关于利益博弈过程产生影响。因此本文的政府是作为一个外部环境存在的，而不是作为局中人。

一、地方政府行为与劳资关系

政府行为是指政府为了实现预期的目标，采取各种手段调节经济社会生活的有意识的活动。① 政府的行为目标应是力求实现全社会的有限经济资源的合理配置和充分有效利用、保持经济稳定和维护社会公平，最大限度地弥补、矫正市场缺陷，同时力求把政府失灵及其政府活动的消极影响降至最低限度。那么关于政府行为目标在研究中存在的一个问题便是：政府在实际生活中究竟是以什么为其目标函数的。② 如果从政府的职能出发，政府行为应该是由政府决定并主动实施的一种公共行为，其目标函数应该是以公共利益为基础的。但是现实中，部分地方政府的行为目标却实际上服从于或偏向于某些特殊利益集团的"特殊利益"，这就使得政府的行为目标发生了偏离。行为目标的重要性就在于它事先决定着行为方式和行为效果：不同的目标导致不同的选择或不同的决策，从而导致不同的后果。产权经济学家认为，实际经济运行中的产权是个人努力、他人争夺和政府保护的函数。根据这一理论，劳方利益的实现首先取决于自身的努力，然后取决于劳资双方之间的利益争夺，最后取决于政府的裁决或保护。③ 因此，在"强资弱劳"的现实状况下，在劳方及其组织的维权能力薄弱的限制下，就需要政府进行公平、有限的干预和介入，并通过法律限制以及监督管理等途径来减少资方的侵权行为，使劳资双方的利益在一定程度上达到均衡，从而促进社会和谐稳定以及经济的健康持续发展。然而，正是由于"特殊利益"的存在，使得地方政府在调协劳资利益关系中经常发生行为偏差的现象。比如一些地方政府以追求短期的 GDP 增长为绩效，通过大量招商引资来实现本地的经济快速发展，在劳资关系运行的过程中更加看重资方的利益，对资方的侵权行为采取默许或放纵的态度，对劳动者权益的保护比较冷漠，使得劳资双方的力量愈加不平衡。

在本文中所指的影响劳资关系的政府行为，主要是指地方政府对劳资纠纷的干预程度、对资方监督管理的程度。现实中地方政府的行为一般分为三种：公共利益型、特殊利益性和中立型。以公共利益为目的的政府，对劳资纠纷的干预程度很

---

① 李伟南：《当代中国县政府行为逻辑研究》，华中师范大学（博士论文），2009年，第55页。
② 李伟南：《当代中国县政府行为逻辑研究》，华中师范大学（博士论文），2009年，第60页。
③ 马艳、周扬波：《劳资利益论》，复旦大学出版社2009年版，第181页。

高，对资方的监督监察也较为严格，也就是注重于保护劳动者的利益和权益；以特殊利益为目的的政府，对劳资纠纷的干预程度很低，对资方的侵权的行为往往采取的是默许或是自由放任的态度，即这类政府向资方倾斜。中立型的政府，既不偏向资方也不偏向劳方，是属于上述两者的一种中间状态。为了简化分析，本文只考虑前两种政府行为。

二、博弈论与劳资关系中的博弈

博弈论，英文为 game theory，是研究决策主体的行为发生直接相互作用时候的决策以及这种决策的均衡问题。① 博弈规则为参与人、策略和支付函数。其中支付函数一般指的是所有参与人的策略或行动的函数，是参与人在博弈结束后从博弈中获得的效用，是每个参与人最为关心的东西。实践中的劳资关系运作符合典型的博弈思想。② 劳资关系的博弈一般是指劳资关系的局中人在面对一定的社会经济环境条件和规则下，以自身效用最大化为目标，根据自己所掌握的信息和自身的支付函数，同时或先后、一次或多次地选择自己的行动策略，从而取得各自相应结果或收益的活动。

由于支付函数代表的是博弈参与者的效用，所以国内的诸多学者在研究劳资双方的收益分配时，把劳方的支付函数单单用劳方工作时的努力水平来表示劳方效用的大小，这种效用其实是一种心理效用。他们认为合作时的劳方由于付出较高的努力水平因而会带来 $-U_1$ 的效用，当偷懒耍滑时效用水平为 $-U_2$，$U_1 > U_2$，因而在理性人的假设下劳方总是倾向于选择不合作。在对资方的相似分析下得出资方的选择也为不合作，因而他们认为劳资双方博弈构成了一个"囚徒困境"博弈。

而本文认为随着工作努力程度的增加，劳动者的效用不一定会相对减少，因为对于把工作过程看成是一种乐趣的那些劳动者来说，努力工作可能会给其带来正的心理效用。如果忽视上面这部分劳动者，下面这种情况也可能使得劳动者努力工作时其效用水平不变：努力工作使得劳动者的效用降低，但是由于努力工作会带来较高的工资，而这部分工资又会给劳动者带来额外的正效用，这一正一负的情况下可能使得劳动者在合作时心理效用保持不变。

正是基于上述心理效用的复杂性和难以衡量性，本文中所指的效用不再是心理效用，而是指可以用货币来衡量的那部分所得收益或损失（如劳动者的工资报酬），其中收益越高（损失越少）其效用越高，收益越低（损失越少）其效用水平就越低。

---

① 张维迎：《博弈论与信息经济学》，上海人民出版社 2002 年版，第 3～4 页。
② 郭庆松：《论劳动关系博弈中的政府角色》，载《中国行政管理》2009 年第 7 期，第 52 页。

三、劳资之间关于收益分配的博弈

(一) 不考虑政府行为的情况下劳资双方的博弈

1. 博弈模型的假设。不存在一种完美的模型能够解决现实中存在的问题。博弈模型亦是如此，无论是完全信息还是不完全信息的假设、是静态博弈还是动态博弈，都不能完全解释现实中的劳资关系博弈问题。为了简化，我们把这里的博弈规则假定为完全信息下的静态博弈。

基本假设：假设博弈模型中有两个参与人：劳方和资方，根据理性人假设博弈双方都会选择使自身效用最大化的策略。劳方的策略有合作和不合作两种，合作表示劳动者努力工作，不合作表示在工作的过程中偷懒耍滑。在劳方合作时，能为企业创造 R_1 的财富，不合作时只能创造 R_2 的财富，显然 $R_1 > R_2$。资方在合作时，不仅为劳动者提供较高的工资 W_1，而且还会提供良好的工作环境，假设提供良好工作环境所需费用记为 E；在其不合作时，只为劳动者提供低廉的工资 W_2（显然 $W_1 > W_2$），并且提供十分恶劣的工作环境，假设此时的环境所需费用为 0。进一步假设：

(1) 在企业的监督检查制度下，当劳动者不合作时，其行为可能会被资方发现，假设被发现的概率为 P_1，发现的次数为 n，每发现一次会被扣除 w 的工资。因此劳动者因不合作而被惩罚的资金数额为 nP_1w。nP_1 的大小受到企业监督检查力度和有效性的影响，也就是说企业的监督检查制度是否完善和有效决定了 nP_1 取值的大小。

(2) 企业可能会赋予劳动者一定的收益权，即劳动者的工资除了 W_1 之外，还包括其所创造财富的一部分，这部分份额记为 α，$\alpha \geq 0$。特殊的，当 $\alpha = 0$ 时，表示劳动者只能得到 W 的工资，与其所创造的财富不挂钩，即没有收益权。

(3) 当企业拥有一套严格的并且有效的绩效考核制度时，在劳方不合作的情况下，由于劳方的偷懒耍滑导致绩效下降，因此所得到的工资会小于合作时的工资，记为 $W_i > W_i'$（$i = 1, 2$）；但当企业没有绩效考核制度或该制度只流于形式时，劳方不合作的情况下所得到的工资和合作时得到的工资是相等的，$W_i = W_i'$（$i = 1, 2$）。这种情况我们记为 $W_i \geq W_i'$（$i = 1, 2$）。

在上述的假定下，我们把劳方的支付函数表示为：

$F_L = f(W, \alpha, R, nP_1, w)$

资方的支付函数为：

$F_K = f(W, \alpha, R, E, nP_1, w)$

在上述的假设之上，若不考虑政府的干预行为，劳资双方的静态博弈如表1所示。

表1　　　　　　　　　　　劳资双方静态博弈矩阵

	资方合作	资方不合作
劳方合作	$W_1 + \alpha R_1$，$(1-\alpha)R_1 - W_1 - E$	$W_2 + \alpha R_1$，$(1-\alpha)R_1 - W_2$
劳方不合作	$W_1' + \alpha R_2 - nP_1w$，$(1-\alpha)R_2 - W_1' - E + nP_1w$	$W_2' + \alpha R_2 - nP_1w$，$(1-\alpha)R_2 - W_2' + nP_1w$

2. 劳资双方博弈分析。首先对劳方进行分析：当资方选择合作时，劳方合作时的收益为 $W_1 + \alpha R_1$，不合作的收益为 $W_1' + \alpha R_2 - nP_1w$，由于 $W_1 \geq W_1'$，$R_1 > R_2$，此时有 $W_1 + \alpha R_1 > W_1' + \alpha R_2 - nP_1w$，劳方会选择合作；同理，当资方选择不合作时，劳方由于 $W_2 + \alpha R_1 > W_2' + \alpha R_2 - nP_1w$，会选择合作。因此，无论资方选择什么策略，劳方都会选择合作，合作是劳方的占优策略。这一点也可以说明只要资方支付的劳动报酬能够使得劳动者接受，那么劳动者在本质上是倾向于合作的。

再次对资方进行分析：当劳方选择合作时，资方合作时的收益为 $(1-\alpha)R_1 - W_1 - E$，不合作的收益为 $(1-\alpha)R_1 - W_2$，由于 $W_1 > W_2$，$E > 0$，此时有 $(1-\alpha)R_1 - W_1 - E < (1-\alpha)R_1 - W_2$，所以资方会选择不合作。同理在劳方选择不合作时，由于 $(1-\alpha)R_2 - W_1' - E + nP_1w < (1-\alpha)R_2 - W_2' + nP_1w$，资方也会选择不合作。因此无论劳方选择什么策略，资方都会选择不合作，不合作就是资方的占优均衡。这一点似乎说明了资方的资本主义剥削性质，总是想压榨劳动者的工资以使自己的剩余价值最大化。

因此，最后得到唯一的纳什均衡：{劳方合作，资方不合作}。

特别地，当劳动者的工资与劳动者所创造的财富不挂钩时，即 $\alpha = 0$，此时的博弈变得更为简单了，如表2所示，但这并未改变均衡结果，此时的纳什均衡仍然为{劳方合作，资方不合作}。

表2　　　　　　　　　　　$\alpha = 0$ 时的劳资博弈

	资方合作	资方不合作
劳方合作	W_1，$R_1 - W_1 - E$	W_2，$R_1 - W_2$
劳方不合作	$W_1' - nP_1w$，$R_2 - W_1' - E + nP_1w$	$W_2' - nP_1w$，$R_2 - W_2' + nP_1w$

此外还有一种特殊的情形，对于实行固定工资制度并且工资与劳动者所创造的财富无关的企业来说（见表3），不完善的监督机制会促使劳方由合作转变为不合作。因为对这类企业来说，$W_1 + \alpha R_1$ 和 $W_1' + \alpha R_2$ 是无差异的，那么这时如果不对劳方的合作行为进行监督检查或者监督检查无效，会使得 nP_1w 几乎接近于零，导

致劳方选择不合作时的工资与合作时的工资相差无几,这就会促使劳方倾向于选择偷懒耍滑,结果是双方的不合作出现。所以对这类企业来说增加 nP 的大小可以对劳方的不合作行为造成一种降低工资的威胁,从而使得劳方选择努力工作。

表3　　　　　　　　$\alpha=0$ 且 $W_i = W_i'(i=1, 2)$ 时的劳资博弈

	资方合作	资方不合作
劳方合作	W_1, $R_1 - W_1 - E$	W_2, $R_1 - W_2$
劳方不合作	$W_1 - nP_1w$, $R_2 - W_1 - E + nP_1w$	$W_2 - nP_1w$, $R_2 - W_2 + nP_1w$

3. 博弈均衡的结论。从上述的均衡结果中我们得出,在没有政府介入劳资关系的博弈时,资方为了自身的效用最大化,总是倾向于选择不合作,即向劳方提供较低的工资和恶劣的工作环境。而在雇用关系中处于从属地位的劳动者,在能够容忍的工资范围内,总是倾向于选择合作。因此,劳资双方关于利益的自发博弈结果是资方的不合作行为,此时劳动者的利益受到压榨和侵犯,这就为政府的介入提供了条件。

(二) 考虑政府行为时的博弈

在没有考虑政府的作用在劳资双方利益中的作用时,我们得出资方处于自身利益最大化的考虑始终会选择不合作的策略。实际上对于资方的不合作行为政府在一定程度上是可以监督和检查出来的,这就需要政府部门的积极介入,因此在考虑政府行为时,比如加强对资方的劳动保障监察和惩罚力度,对资方的行为进行不定期的、突击式的检察,如果发现资方的侵权行为,将给予资方严重的资金惩罚,因此通过改变资方的支付函数,使得其在合作时的收益大于不合作时的收益,从而迫使资方从不合作转向合作。

1. 博弈假设。在现有的政府监督机制下,我们假设资方不合作时被发现的概率为 P_2,被发现后需要缴纳一定数额的惩罚金额为 M。实际上这里的 P_2 代表的就是政府的监察力度,M 代表的就是惩罚力度。此时,劳方的支付函数不变,而资方的支付函数变为:

$$F'_K = f(W, \alpha, R, E, P_2M, nP_1, w)$$

劳资双方的博弈矩阵如表4所示。

表4　　　　　　　　对资方惩罚的情况下劳资双方的博弈

	资方合作	资方不合作
劳方合作	$W_1 + \alpha R_1$, $(1-\alpha) R_1 - W_1 - E$	$W_2 + \alpha R_1$, $(1-\alpha) R_1 - W_2 - P_2M$
劳方不合作	$W_1' + \alpha R_2 - nP_1w$, $(1-\alpha) R_2 - W_1' - E + nP_2w$	$W_2' + \alpha R_2 - nP_1w$, $(1-\alpha) R_2 - W_2' - P_2M + nP_1w$

2. 结果分析。由于劳方的支付函数不变，因此劳方此时的占优均衡策略不变，劳方依旧选择合作的策略。在有政府监管的制度下，如要想使资方选择合作的策略，只需使资方合作的收益大于不合作的收益，即：

$$(1-\alpha)R_1 - W_1 - E > (1-\alpha)R_1 - W_2 - P_2M$$

整理得：

$$P_2M > E + (W_1 - W_2)$$

从结果我们可以得出，当对资方的惩罚大于对劳动者的剥削和压榨所带来的收益时，资方才会选择合作。此时的纳什均衡变为｛劳方合作，资方合作｝。

现在我们来考虑一下政府的行为目标对这一结果的影响。在政府行为目标为公众利益型时，政府是倾向于保护劳方者的权益和利益的，因此政府对资方的监察力度会相对较高，那么发现资方不合作的概率就越大，同时为了打击侵害劳动者利益的资方，政府会对资方实行严厉的惩罚措施，这些都会增加资方不合作的成本，使得追求利润最大化的资方选择合作。

当政府行为目标为特殊利益型时，此时政府倾向于维护资方的利益，对资方的不合作行为采取默许或放纵的态度，那么此时的劳动保障监察力度就会减弱甚至为零，对资方的惩罚只是形式上的警告或小额罚款，这些对于资方来说，不但不会影响他们的成本，而且还会促使他们更加肆意地不合作，更进一步地对劳方进行剥削和压榨。

由以上的博弈分析我们可知，政府行为在劳资利益关系中扮演着十分重要的角色，劳动者合法权益是否能够实现和维护在很大程度上取决于政府的行为目标。

四、罢工威胁——基于完全信息动态博弈

上述的分析中劳方合作是基于劳方同意资方支付的工资金额，我们可以认为此时劳方的工资（又称内部工资，注意，劳动者的内部工资不应包括因为劳方不合作而被资方扣除的那部分）一般是大于外部工资（外部工资是指劳动者在其他企业可能得到的工资水平），所以劳方会选择与资方合作。但是，在资方给付的工资小于外部工资或资方不支付加班费或资方拖欠工资等情况下，劳方会提出增加工资或索要加班加点工资的要求，如果资方拒绝劳方的要求，使得劳动者的利益受到侵害而又不能适时适当地解决，会增加劳动者的不满情绪，进而恶化劳资双方的关系，严重时劳方会考虑用罢工来威胁资方接受其提出的要求。与劳资双方利益博弈的分析一样，我们首先来分析若不考虑政府这一外部因素时，劳资双方的罢工博弈，然后再分析加入政府这一因素时对劳资双方博弈策略选择的影响。

（一）不考虑政府时的罢工威胁

由于是劳动者首先决定是否采用罢工威胁，资方在其后决定是否接受劳方提出

的要求，此时的劳资博弈就变为完全信息下的动态博弈。以下将构建劳资双方就罢工行为的动态博弈模型，该模型使用扩展型的博弈树来形象地表述，并采用逆向归纳法来分析劳资双方罢工行为的子博弈精炼纳什均衡。

1. 博弈假设。博弈有两个参与人，劳方和资方。行动顺序如下：（1）劳方就现有的状况决定是否进行罢工，罢工对工人的每日损失额计为 s，对资方的每日损失额计为 c，罢工持续的天数计为 t；（2）如果劳方决定罢工，劳方会要求资方增加（或补发）工资 w 了却罢工；（3）资方做出抉择，要么接受劳方提出的增加工资的要求，要么拒绝劳方要求；（4）当资方拒绝时，劳方此时有两种选择，要么在资方的坚硬态度下放弃罢工，要么继续与资方反抗；（5）如果劳方继续罢工，劳方会以 p 的概率赢得 x 单位的支付。

2. 博弈过程分析。

（1）在图 1 中，首先在最后一个节点上，劳方进行选择。劳方的选择受到 $px - st_2$ 和 $-st_1$ 两者大小的影响。若 $px - st_2 > -st_1$，即劳方此时选择继续罢工时的净收益大于选择放弃的收益（注意，收益是可正可负的），那么在第三阶段劳方的最优选择为继续罢工。其次，资方在第二阶段进行选择，此时其选择受到 $w + ct_1$ 和 $px + ct_2$ 两者大小的影响：

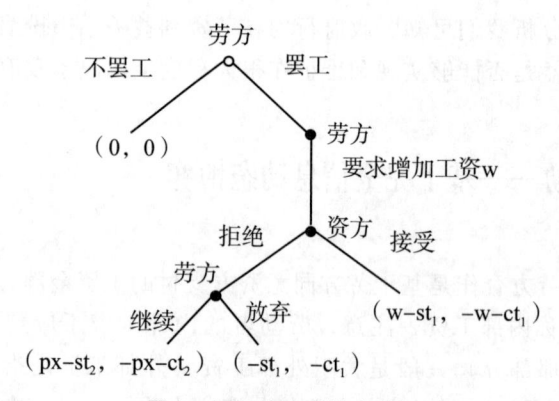

图 1　罢工的动态博弈分析

① 若 $w + ct_1 > px + ct_2$，意味着资方接受劳方条件时的损失大于拒绝时劳方继续罢工带来的损失，因此资方在第二阶段的最优选择是拒绝劳方提出的加工资的要求。劳方预期到资方会选择拒绝战略，因此在第一阶段的选择取决于 $px - st_2$ 和 0 的大小。ⓐ若 $px - st_2 > 0$，即罢工的净收益大于不罢工的收益（换成另一种表达式 $px > st_2$，可以理解成罢工的收益大于罢工带来的损失），因此此时劳方的最优选择是进行罢工。在这种条件下，子博弈精炼纳什均衡为：劳方｛罢工、要求、继续罢工｝，资方为｛拒绝｝，最后的均衡结果为劳方继续罢工。ⓑ若 $px - st_2 \leq 0$，即罢工的净收益小于或等于不罢工的收益（换成另一种表达式 $px \leq st_2$，可以理解成罢工的收益不能弥补罢工带来的损失），此时劳方的最优选择是不罢工。在这种条件

下，子博弈精炼纳什均衡为：劳方｛不罢工、要求、继续罢工｝，资方为｛拒绝｝，最后的均衡结果为劳方一开始就不罢工。

②若 $w + ct_1 \leq px + ct_2$，意味着资方接受劳方条件时的损失小于拒绝时劳方继续罢工带来的损失，因此这一阶段资方的最优选择是接受劳方提出的要求。劳方预期到资方会选择接受战略，因此在第一阶段的选择取决于 $w - st_1$ 和 0 的大小。ⓐ一般来说，增加工资是一个永久性的增加，所以此时会有 $w - st_1 > 0$，即劳方选择罢工的净收益大于不进行罢工时的收益，因此劳方会选择罢工。在这种条件下，子博弈精炼纳什均衡为：劳方｛罢工、要求、继续罢工｝，资方为｛接受｝，最后的均衡结果为资方接受劳方提出的要求，罢工结束。ⓑ对于拖欠工资和加班费的情况，w 可能大于也可能小于甚至等于 st_1，若 $w - st_1 > 0$ 时，结果和要求增加工资一样子博弈精炼纳什均衡为：劳方｛罢工、要求、继续罢工｝，资方为｛接受｝，最后的均衡结果为资方接受劳方提出的要求，罢工结束。若 $w - st_1 \leq 0$，即劳方选择罢工的净收益小于或等于不罢工时的收益，因此劳方会选择不罢工。在这种条件下，子博弈精炼纳什均衡为：劳方｛不罢工、要求、继续罢工｝，资方为｛接受｝，最后的均衡结果为劳方一开始就不会罢工。

（2）若 $px - st_2 \leq -st_1$，此时放弃罢工的收益相对较大，因此在第三阶段劳方的最优选择是放弃罢工。在第二阶段，资方进行是否接受劳方提出要求的抉择，因为 $ct_1 < w + ct_1$，即资方拒绝劳方的要求时损失相对较少，因此资方会选择拒绝战略。在第一阶段由于 $0 > -st_1$，不罢工的收益大于罢工的净收益，因此劳方的在第一阶段的最优选择是不罢工。在这种条件下，子博弈精炼纳什均衡为：劳方｛不罢工、要求、放弃罢工｝，资方为｛拒绝｝，最后的均衡结果为劳方一开始就不会罢工（见图2）。

3. 博弈结果分析。

（1）从静态的角度来看，罢工是一种零和博弈。随着罢工时间的持续，双方处于一种对抗的状态时，对劳资双方的影响都是负面的：企业效率的降低和劳动者得不到报酬。无论哪个行业的罢工都会降低企业的生产效率，随着罢工的持续会给资方的稳定生产和持续的经营带来威胁。劳方的损失除了得不到报酬以外还要承受心理压力。但是相对而言，随着罢工的持续，罢工给资方带来的损失要大于给劳方带来的损失。

（2）p 的取值很关键，p 的大小决定了罢工带来的净收益的大小，从而影响了劳方对是否采取罢工行动的决定。p 越大意味着劳方持续罢工带来的净收益就越大，就越会对劳方的罢工起到激励作用，此时劳方进行罢工的动机就会越大；P 越小意味着罢工带来的净收益小于放弃罢工或不进行罢工时的收益，那么劳方此时就倾向于在初始阶段就会选择不罢工。

p 值实际上指的就是在罢工中劳方取得胜利的原因。原因是多方面的，从劳方来说，主要有劳方的团结、工会力量强大、社会舆论的间接帮助等。从资方来说，

| 第三阶段
（劳方） | 第二阶段
（资方） | 第一阶段
（劳方） | 子博弈精炼纳什均衡 | 最后的均衡结果 |

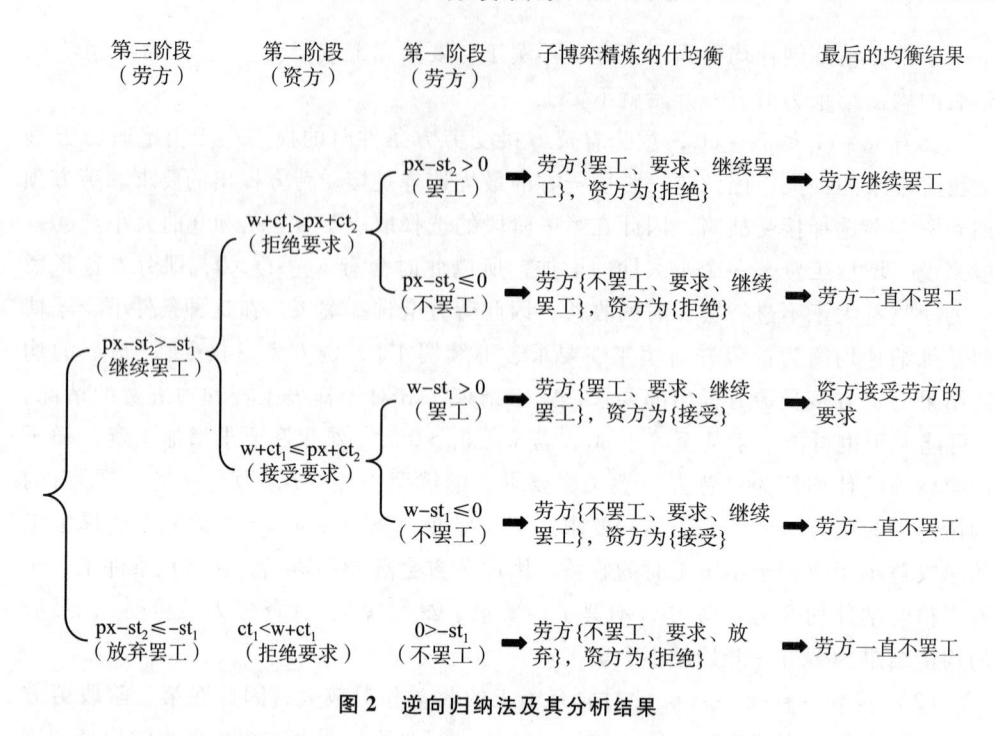

图 2 逆向归纳法及其分析结果

可以概括为三个方面：一是来自损失的压力，由于罢工导致大面积的停产，停工的时间越长所导致的损失就越大，面对大面积的停工损失，资方有时不得不为了复产而接受劳方的要求，这部分的压力对于制造业来说尤为重要；二是来自政府的压力，一旦罢工的出现，政府部门就有可能介入，企业往往是不愿与政府发生冲突的，所以一旦政府介入，就会促进双方进行谈判，结果往往是资方做出妥协，劳方在较短的时间内取得胜利；三是来自声誉的压力，由于现代舆论的力量十分强大，一旦罢工惊动了媒体和公众，企业就会面对着较大的社会舆论压力，对其声誉也会造成一定的冲击，这些都会促使资方尽快地与劳方达成和解，以劳方取得相对胜利而告终。

（二）考虑政府行为的情况下罢工威胁的博弈分析

由上述分析可知，在劳资双方发生罢工时，政府所采取的态度和行为对罢工时间 t 和劳方取得罢工胜利的概率 p 产生很大的影响。我们假定公共利益性政府在发生罢工时会及时介入其中，而特殊利益性政府会对罢工事件睁一只眼闭一只眼，采取不到万不得已就不进行干涉的策略。

首先来看公共利益性政府。在罢工开始之后，公共利益型政府会及早地介入此中，为双方建立公平、公开的谈判平台，争取在最短的时间内促成劳资双方签订双方都满意的谈判方案。这样由于公共利益型政府的介入会使得 t 值减少和 p 值增大。这使得劳方的罢工净收益 $px - st_2$ 的值变大,同时使资方的损失额 $px + ct_2$ 也变大,这意味着此时会对劳方有更大的动力去继续罢工,而资方也更倾向于接受劳方提出的要求。这样既维护了劳方的合法权益,又使得资方的损失减少到最小化。

再来分析特殊利益性政府。由于特殊利益型政府是偏向资方的,因此在罢工发生时政府往往采取的是不干预的态度,任罢工事态自然发展,此时罢工的结果主要取决于劳资双方之间的力量对比。因此在没有政府的干预和支持下,劳方罢工获取胜利的概率 p 会相对减少,双方可能在进行几番谈判之后(t 值变大)才达成一个勉强一致的协议,这时劳方所得到的补偿额也会因为劳方的力量薄弱而相对较少,或者劳方可能会在第三阶段时放弃罢工或者是在一开始就不会选择罢工。

五、结论

综上我们可知,政府的行为在劳资关系中扮演着十分重要的角色,地方政府应该在劳资关系博弈中准确定位自己的角色,端正自己的目标,解决政府行为与目标的二元结构偏差。在激烈的劳资矛盾爆发时,地方政府应该发挥积极的主导作用,不能只看到企业对于经济发展所做出的贡献而对劳动者权益和权力遭到侵害视而不见,应采取不偏不倚的态度进行实质性的干预,在保护劳动者的合法权利与利益的同时,尽早地鼓励双方通过平等协商实现劳资关系的稳定。

此外政府的各职能部门也要做好相关的工作。劳动保障部门要在政策上把好关,加强劳动保障的监察力度,采取不定时、不定期不定项的抽查检查方式,对违反劳动法律法规的用人单位进行严厉的经济惩罚或法律制裁;工商管理部门要在登记注册方面把好关,审批营业执照、登记年检时,把是否签订劳动合同、社会保险办理情况等作为重要参考内容。

参考文献

1. 崔向阳:《转轨经济中构建劳资合作制度的博弈分析》,载《当代财经》2007 年第 10 期。
2. 方浩:《劳动者保护与政府行为——基于劳动争议的面板数据分析》,载《劳动经济》2011 年第 3 期。
3. 郭庆松:《论劳动关系博弈中的政府角色》,载《中国行政管理》2009 年第 7 期。
4. 李伟南:《当代中国县政府行为逻辑研究》,华中师范大学(博士论文),2009 年。
5. 马艳、周扬波:《劳资利益论》,复旦大学出版社 2009 年版。
6. 钱箭星:《劳动者维权中的政府行为》,载《国家行政学院学报》2007 年第 1 期。
7. 张维迎:《博弈论与信息经济学》,上海人民出版社 2002 年版。

劳 资 关 系

The Role of Government Behaviors in the Interest Relations of Labor and Capital

Yang Shu

Abstract: Based on game theory, this paper discussed the affect of Government Behaviors on the two parties's choose of game strategies, concluded that effective intervention of local government could change capital's payoff function and compel them change their choose from noncooperative to cooperation, and further propose the solutions.

Key words: labor relations government behaviors game strike

收入分配

关于社会保障支出收入公平分配职能的思考

杨 林[*]

摘　要：收入分配是一个长期性的社会问题，涵盖政府与市场关系、公平与效率、社会福利水平等议题。理论上社会保障支出可以通过调整消费需求、调整居民货币购买力、制度设计来缩小收入分配差距，但现实中我国社会保障支出的收入分配功能差强人意。社会保障支出与收入分配相关性的VAR模型的实证分析与脉冲响应分析表明：我国社会保障支出缩小全国收入差距作用有限，但有利于缓解城乡居民间的收入差距。开征社会保障税，完善社会保障制度等是当前我国强化社会保障支出收入公平分配职能的必然选择。

关键词：收入分配　公平分配　社会保障支出　VAR模型　社会保障税

改革开放以来，居民收入普遍大幅上涨，人们生活水平有了质的飞跃，享受到了改革开放所带来的利益。与此同时，居民收入差距不断拉大，虽然体制转轨期收入差距的产生无法避免，但过大差距所产生的抑制人们生产积极性、影响经济社会稳定发展等负面效应需引起高度关注。收入分配既是经济问题，也是一个政治问题。对该问题进行系统分析，是经济学研究不能回避的重大课题。

一、引言

收入分配问题的研究在经济学界占有比较重要的地位，自亚当·斯密的《国富论》问世以来，收入分配的理论不断发展完善。至20世纪30年代西方国家的经济危机后，收入差距不断拉大，贫富分化加剧，经济学者提出了多种财政理论对其

---

[*] 杨林，中国海洋大学经济学院教授，博士生导师；E-mail: yanglin2128@126.com。

加以调节，主要是从财政支出和税收两方面来展开的。后期学者则从公共经济学角度，以政府失灵为理论基础探求缓解收入差距的新途径。无论是税收调节还是财政支出结构的优化，其本质均是对财政职能的完善，与不断向前发展的经济环境相适应，合理运用这两项政策工具，对于收入分配理论的发展完善具有奠基性的作用。

Amartya Sen（1998）认为，实行收入再分配促进社会公平应是政府的经济职能之一。他认为在防止和减少贫困方面，以社会保障为主要内容的再分配制度发挥了很大作用。[1] 约翰·罗尔斯（1971）认为，再分配应被视为政府社会契约的一部分，最低收入阶层状况改善是居民社会总福利提升的必要条件，所以政府以社会保障支出等形式实施再分配是可行的。[2]

而在我国学者们认为社会保障支出非但没有缩小收入差距，反而加剧了收入差距，如黄祖辉（2003）、[3] 刘志英（2006）、[4] 香伶（2006）、[5] 侯明喜（2007）、[6] 李实、罗楚亮（2007）、[7] 杨天宇（2009）、[8] 高霖宇[9]等指出目前我国社会保障制度存在逆向转移的特点。这主要是由于社会保障体系的城乡二元结构、政府转移支付力度不够和社会保障对象的瞄准偏差等因素造成。

当然有一些学者认为，社会保障支出通过提高低收入阶层的收入水平直接实现国民收入的再分配，同时，在经济处于高涨和衰退阶段时社会保障支出对稳定个人收入水平能起到自动稳定器的作用，如谢琦、燕晓飞（2010）、[10] 聂慧，张媛媛（2012）[11] 认为社会保障支出能够起到缩小贫富分化的作用。

21世纪以来，我国加强民生财政建设，社会保障制度不断完善，社会保障支出不断增加，社会保障支出在缩小收入分配差距方面的功能有没有强化，需要我们进行实证研究。以往研究大多以城乡收入分配差距为切入点，通过聚类分析、主成分分析等方法，得出社会保障支出与收入公平分配的相关性的结论。本文运用VAR模型，基于公共经济学视角进行相关探索。

---

[1] 阿玛蒂亚·森：《以自由看待发展》，中国人民大学出版社2002年版。
[2] 约翰·罗尔斯：《正义论》，中国社会科学出版社1988年版。
[3] 黄祖辉、王敏、万广华：《我国居民收入不平等问题：基于转移性收入角度的分析》，载《管理世界》2003年第3期。
[4] 刘志英：《社会保障和贫富差距研究》，中国劳动社会保障出版社2006年版。
[5] 香伶：《论社会保障收入再分配的公正性》，载《经济学动态》2006年第11期。
[6] 侯明喜：《防范社会保障体制对收入分配的逆向转移》，载《经济体制改革》2007年第4期。
[7] 李实、罗楚亮：《中国城乡居民收入差距的重新估计》，载《北京大学学报》（哲学社会科学版）2007年第2期。
[8] 杨天宇：《中国居民收入再分配过程中的"逆向转移"问题研究》，载《统计研究》2009年第4期。
[9] 高霖宇：《发达国家社会保障水平与收入分配差距关系及对中国的启示》，载《地方财政研究》2011年第7期。
[10] 谢琦、燕晓飞：《社会保障制度与劳动者收入相关性研究》，载《商业经济研究》2010年第12期。
[11] 聂慧、张媛媛：《我国财政社会性支出影响初次分配的实证分析》，载《统计与决策》2012年第20期。

二、社会保障支出的收入公平分配机理

市场经济条件下,由于要素所有者自然禀赋的差异,由市场初次分配所决定的居民收入差距必然随之扩大,这是经济公平的必然表现。政府作为弥补市场失灵的宏观调控主体,运用再分配机制缩小收入分配差距促进社会公平。社会保障支出作为针对性较强的政府收入再分配工具,由于没有消耗社会资源,也不直接形成最终社会消费,可以看作是公共资源在各个部门之间的再分配,是政府的一种非市场性再分配行为,可以较好地体现政府的公平分配职能,提高社会福利。社会保障支出是实现这一职能的外在表现。

社会保障支出是国家对社会成员在生、老、病、死、伤残、失业、灾害等情况下给予物质帮助的各种措施的总称。广义的社会保障包括多层次的保障体系,既有个人、家庭、单位内部以及商业保险机构提供的部分,又有政府提供的部分。狭义的社会保障主要是指由政府统一提供的保障部分。社会保障支出主要包括:社会保险支出、社会福利支出、社会救济支出、军人优抚与自然灾害救济支出等。

1. 社会保障支出通过增加可支配收入并转化为消费需求来缩小收入分配差距。社会保障支出的结果是直接转化为居民个人的可支配收入,从而依据这些居民个人的边际消费倾向的大小而形成私人消费需求。

2. 社会保障支出通过调整居民货币购买力并影响产业链良性循环。社会保障支出通过社会保险、社会福利、社会救济等形式调整部分居民个人的货币购买力。这些居民个人的货币购买力调整后,通常都会导致对商品和劳务的需求发生变动,进而导致这些商品和劳务的生产企业相应调整产量。进一步看,生产这些商品所需原材料的生产企业,也可能受到居民个人的货币购买力变动的影响而使其生产规模随之扩张或收缩,进而甚至促使整个产业链扩张或收缩生产规模。

3. 社会保障制度设计有助于收入分配趋于合理化。一方面,社会保障支出的资金来源于纳税人在国民收入初次分配中所分得的各种收入,如工资、利息、股息、利润等等;另一方面,社会保障支出将中高收入阶层的一部分收入转移到低收入阶层的居民手中,从而社会保障制度安排能够改变国民收入的分配格局,服务于政府调整收入分配的客观需要。

三、我国社会保障支出促进收入公平分配的现实表现

改革开放以来,社会保障支出逐年增加,社会保障支出由1978年的18.91亿元增长到2011年的11 317.54亿元,但我国财政支出中用于社会保障支出的比重

仍然非常小，远远低于世界上其他国家的水平。① 社会保障支出在缩小收入分配差距方面的现实表现可以概括为以下几方面：

1. 社会保障支出在财政总支出中的比重过低，不能有效调节收入分配。1990～2011年我国社会保障总支出（不含社保基金）占财政支出的比重在12%左右。其中，社会保障补助支出所占比重最大达到5%左右，而行政事业单位离退休经费所占比重与其他项目相比却略为偏高，如抚恤和社会福利救济费仅占社会保障总支出的1%～2%。此外，我国的社保基金还有很大的缺口。社会保障性支出的结构不合理，导致其在实现缩小收入分配差距的目标方面效果并不明显。

虽然，近年来我国转移性支出中社会保障支出的比重呈现逐年增加的趋势。但目前我国的社会保障制度存在层次混乱、不规范、基金不足、保障水平低、覆盖面窄的诸多问题，在实现保护社会成员的生存权利、公平收入分配的社会目标和作为政府宏观调控手段促使人力资源合理流动、促进资源有效配置和经济稳定增长的经济目标上都存在不当的制度安排，甚至某些措施与制度目标相互矛盾。

此外，我国社会保障支出的流向也不合理。从财政支出的构成来看，社会保障支出主要流向了城镇居民，虽然近年来我国竭力完善农村社会保障，但占人口比例绝大多数的农村居民仍无法得到有效保障。这种社会保障支出不是在缩小城乡居民收入差距，而是在扩大差距。在随着老龄化的到来和经济转型期就业结构的调整，社会保障制度如果不能充分发挥作用，调节收入分配差距，必然引起社会矛盾激化。

2. 社会救助资金不足，农村社会保障水平有限。近年来，虽然我国城乡社会救助工作取得很大成效，但救助制度仍不完善。社会救助管理体制、运行机制有待理顺。现有社会救助体系中，各项救助制度分配在民政、教育、司法、建设等部门管理，存在救助资源分散，救助标准不统一，工作协调不够等问题。另外，各项救助制度多以"低保"为基础积累，"低保"含金量过高，导致部分低保边缘群体享受不到专项救助，生活存在困难。

如表1所示，2004～2006年间，我国享受补助、救济的城镇和农村人员数量有较大差距，城市居民最低生活保障人数是农村的2～3倍，继2007年全国31个省、自治区、直辖市全面完成农村最低生活保障建制后，2008年1月，全国所有涉农县（市、区）全部建立了农村低保制度，成功实现了由"制度全覆盖"到"人群全覆盖"的历史性跨越。农村享受最低生活保障的人数逐年上升，目前已大大超过城市居民最低生活保障人数。就享受补助、救济项目来看，2006年以来农村五保供养人数，特困救济人数以及临时救济人数都呈现逐年增加趋势。

---

① 早在1987年，在很多西方国家，社会保障支出已成为中央政府支出中的第一大支出。美国社会保障支出占中央政府支出的比重是31.1%，英国是31.6%，法国是38.5%，而瑞典则高达50.8%。

表1　　　　　　2004～2009年我国享受补助、救济人员情况表　　　　单位：万人

项目	2004年	2005年	2006年	2007年	2008年	2009年
城市居民最低生活保障人数	2 205	2 234.2	2 240.1	2 272.1	2 334.8	2 347.7
城市临时救济人次数（万人次）	285.2	234.4	123	243.2	227.6	210.4
农村低保和传统救济人数	1 402.1	1 891.8	2 987.8	4 172.6	4 926.3	5 374.9
农村居民最低生活保障人数	488	825	1 593.1	3 566.3	4 305.5	4 759.3
农村五保供养人数	—	—	503.3	531.3	548.6	554.3
农村特困救济人数			775.8			
农村传统救济人数	—	—	115.6	75	72.2	61.3
农村临时救济人次数（万人次）	1 720	1 359.9	963.8	646	831	503.1

资料来源：根据中国城乡住户调查资料整理。

然而，虽然近年来我国对农村社会保障制度建设格外重视，但其毕竟刚刚起步，距离制度的完善和优质的保障水平还有较大差距。农村的救助制度与城镇相比还有较大差距，社会救助资金不足。在农村低保方面，农村低保标准大多围绕绝对贫困线测算。由于物价上涨等原因，现行的绝对贫困线偏低，已不足以维持农村村民的基本生活。较低的低保标准和补助水平在一定程度上影响了农村低保制度保障农村困难群众基本生活作用的发挥。

在农村五保方面，目前农村五保供养资金列在农村税费改革转移支付中"打捆"下拨，没有明确农村五保供养资金的数额或比例，也未列为确保事项，一些经济状况较为薄弱的县、乡和村集体，为弥补当地资金缺口，挤占农村五保供养资金的问题比较突出。

四、社会保障支出收入公平分配职能的实证分析

1. VAR模型设定与变量选取。VAR模型的数学表达式为：

$$Y_t = A_1 Y_{t-1} + \cdots + A_n Y_{t-n} + BX_t + \xi_t \qquad 式（1）$$

其中，Y_t是一个内生变量列向量，X_t是外生变量向量，$A_1, \cdots, A_n$和B事待估的系数矩阵，ξ_t是误差向量。

本文的定量研究主要从两方面进行，一是社会保障支出对全国居民整体上的收入分配差距影响，二是社会保障支出对城乡居民之间的收入分配差距影响。其中，以社会保险支出、社会救助支出、社会福利支出、社会优抚支出的和作为衡量社会保障支出的数据指标，用MS表示；以基尼系数作为衡量全国居民收入分配差距的指标，用JN表示；以城乡居民可支配收入的比率作为衡量城乡居民收入分配差距

的指标,用 UR 表示。为保证数据和方程的平稳性,分别对各个变量去对数,用 LMS,LJN,LGDP 表示。建立 VAR 模型:

$$ljn_t = A_1 ljn_{t-1} + \cdots + A_n ljn_{t-n} + Blms_t + CLGDP_t + \xi_t \quad 式(2)$$

$$lur_t = A_1 lur_{t-1} + \cdots + A_n llur_{t-n} + Blms_t + CLGDP_t + \xi_t \quad 式(3)$$

2. 样本数据说明。社会保障支出数据以我国 1990~2012 年的社会保险支出、社会救助支出、社会福利支出、社会优抚支出的和为数据指标,经济增长指标以 GDP 为依据,数据根据 2012 年《中国统计年鉴》计算整理见表 2。

收入分配差距的数据以基尼系数和城镇居民人均可支配收入、农村居民人均纯收入及两者之比作为衡量收入分配差距的依据。

表2　　　　　　　　1990~2011 年基尼系数及城乡人均收入

年份	基尼系数	城镇居民人均可支配收入(元)	农村居民人均纯收入(元)	城镇居民人均可支配收入与农村居民人均纯收入之比
1990	0.343	1 510.2	686.3	2.20
1991	0.324	1 700.6	708.6	2.40
1992	0.376	2 026.6	784	2.59
1993	0.359	2 577.4	921.6	2.80
1994	0.436	4 283	1 577.7	2.71
1995	0.419	4 283.0	1 577.7	2.72
1996	0.406	4 838.9	1 926.1	2.51
1997	0.403	5 160.3	2 090.1	2.47
1998	0.403	5 425.1	2 162	2.51
1999	0.413	5 854.0	2 210.3	2.65
2000	0.415	6 279.9	2 253.4	2.79
2001	0.458	6 859.6	2 366.4	2.90
2002	0.454	7 703	2 476	3.11
2003	0.479	8 472	2 622	3.23
2004	0.473	9 421.6	2 936.4	3.20
2005	0.485	10 493.0	3 254.9	3.22
2006	0.487	11 759.5	3 587.0	3.28
2007	0.484	13 785.8	4 140.4	3.33
2008	0.491	15 780.8	4 760.6	3.31
2009	0.490	17 174.7	5 153.2	3.33
2010	0.481	19 109.4	5 919.0	3.23
2011	0.477	21 809.8	6 977.3	3.12

资料来源:根据 2012 年《中国统计年鉴》计算整理。

3. 单位根与协整检验。由表3可知变量 LMS，LJN，LUR 及 LGDP 在 10% 的显著性水平下均是非平稳的时间序列，经过一阶差分后平稳，因此4个变量都是一阶单整的。

表 3　　　　　　　　　　　　单位根检验结果

变量	ADF 检验	临界值 10%	平稳性
LMS	-2.179496	-2.666593	不平稳
DLMS	-3.118232	-2.666593	平稳
LJN	-1.840921	-2.646119	不平稳
DLJN	-7.722217	-7.722217	平稳
LUR	-1.569163	-2.650413	不平稳
DLUR	-2.597315	-2.650413	平稳
LGDP	0.448947	-2.666593	不平稳
DLGDP	-5.743383	-2.666593	平稳

运用 EViews 模型，分别对 LJN，LMS，LGDP 与 LUR，LMS，LGDP 分别进行协整检验（见表4、表5）：

表 4　　　　社会保障支出与全国收入分配差距的协整检验结果

Hypothesized No. of CE(s)	Eigenvalue	Trace Statistic	0.05 Critical Value	Prob.**
None*	0.656284	36.98680	29.79707	0.0063
At most 1*	0.573946	16.69596	15.49471	0.0328
At most 2	0.025222	0.485357	3.841466	0.4860

表 5　　　　社会保障支出与城乡居民收入比率的协整检验结果

Hypothesized No. of CE (s)	Eigenvalue	Trace Statistic	0.05 Critical Value	Prob.**
None*	0.803602	48.26271	29.79707	0.0001
At most 1*	0.597526	17.33811	15.49471	0.0261
At most 2	0.002404	0.045729	3.841466	0.8306

可以判定 LJN，LMS，LGDP 之间存在协整关系，LUR，LMS，LGDP 之间也存在协整关系。

4. 格兰杰因果关系检验。由表6可知，基尼系数不是社会保障支出的格兰杰原因，社会保障支出也不是基尼系数的格兰杰原因。原因在于我国社会保障支出的总量偏低，对于全国整体基尼系数的影响作用较小，不能起到很好的调节收入分配作用。城乡居民收入之比不是社会保障支出的原因，但社会保障支出是城乡居民收入之比的原因。这说明社会保障支出有利于缓解城乡居民间的收入差距。

表6　社会保障支出与居民收入分配差距的格兰杰因果关系检验

变量	零假设	观察值	F值	概率
DLJN	DLJN 不是 DLMS 的 Granger 原因	19	0.35718	0.70584
	DLMS 不是 DLJN 的 Granger 原因		0.09862	0.90671
DLUR	DLUR 不是 DLMS 的 Granger 原因	19	2.29778	0.13710
	DLMS 不是 DLUR 的 Granger 原因		3.41783	0.06184

5. VAR模型的平稳性检验。运用AR根图表法检验VAR模型的平稳性：

由图1可知，VAR模型AR特征多项式根的倒数均小于1，都位于单位园内，因此VAR模型是稳定的。

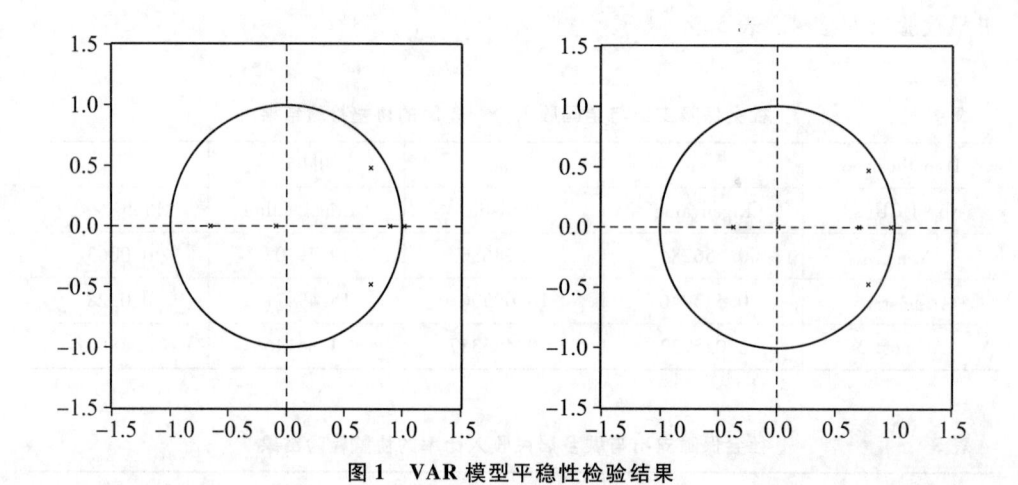

图1　VAR模型平稳性检验结果

6. 脉冲响应分析。

由图2可知，当给LJN一个标准差的冲击时，LMS对LJN先正向影响后逐渐减弱变为负向影响。这说明当我国社会保障支出数额处于较低水平时，全国基尼系数会随社会保障支出水平的增加而加大，后随着社会保障支出数额的逐步增大，收入分配差距扩大趋势将逐步放缓，当支出数额增大到一定量后，收入分配差距将趋于减小。

Response to Cholesky One S.D. Innovations ± 2 S.E.

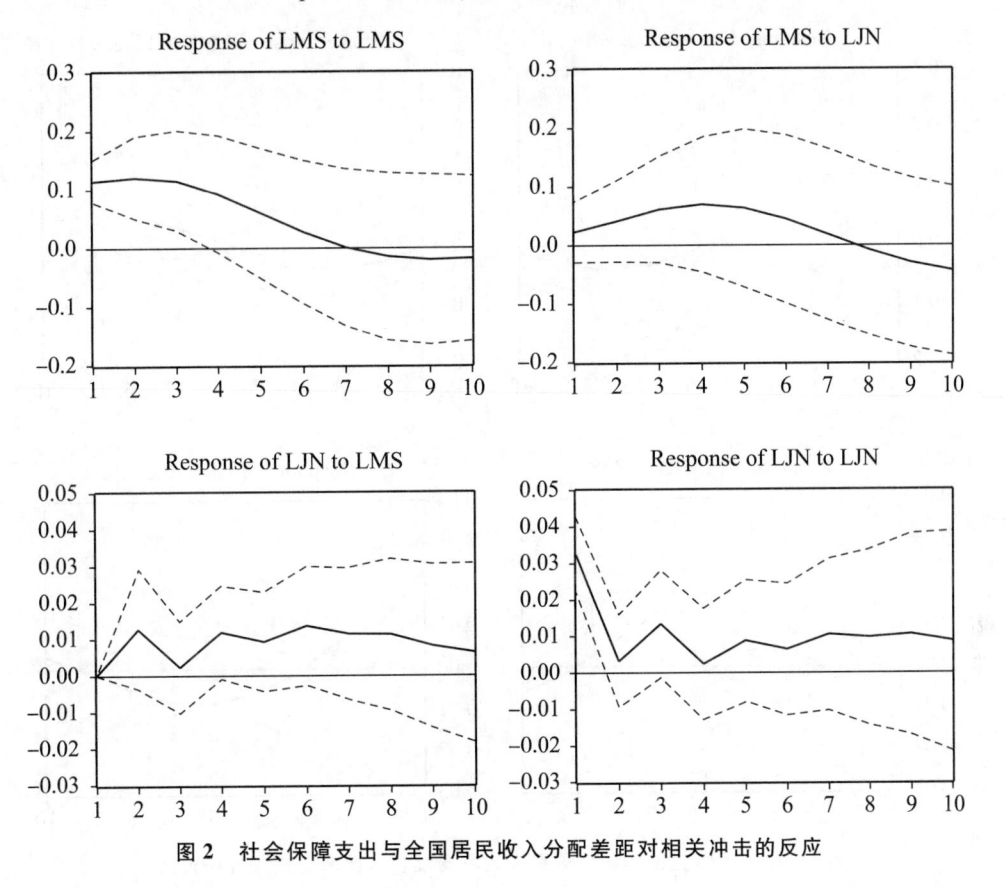

图2 社会保障支出与全国居民收入分配差距对相关冲击的反应

由图3可知，当给 LUR 一个标准差的冲击时，LMS 对 LUR 的影响由负向逐步转为正向。这说明社会保障支出在初始阶段可缓解城乡居民人均可支配收入比率，这主要是因为初始阶段的社会保障支出数额占农村居民的可支配收入的比重较大，使得农村居民可支配收入增长的幅度较大，因此可有效缓解城乡居民收入比率。但随着社会保障支出数额的增大，就目前的城乡社会保障政策不一致的情况来看，城市居民获得的社会保障数额大于农村居民，因此在长期又会使城乡居民人均可支配收入比率增大，即社会保障支出从长期来看并不能有效缓解城乡差距，这与我国当前城乡分割的社会保障制度有密不可分的关系。

综上所述，社会保障支出在调节我国收入分配差距方面的功能有限。中国的收入不公平，不仅有分配不公的问题，也有资产转移的问题，是流量财富分配不公与存量财富逆向转移共同作用的结果。主要表现为：城乡二元经济结构导致了城乡居民处于不完全竞争状态，使得农村居民对贫富差距的心理承受能力减弱；由于间接税体制、货币化的计税做法以及转移支付不足，使得社会保障支出没有能够发挥逆向调节作用，反而发挥了顺调节的作用；非法收入也是贫富差距的一个重要原因；

Response to Cholesky One S.D. Innovations ± 2 S.E.

图 3 社会保障支出和城乡居民人均可支配收入比率对相关冲击反应

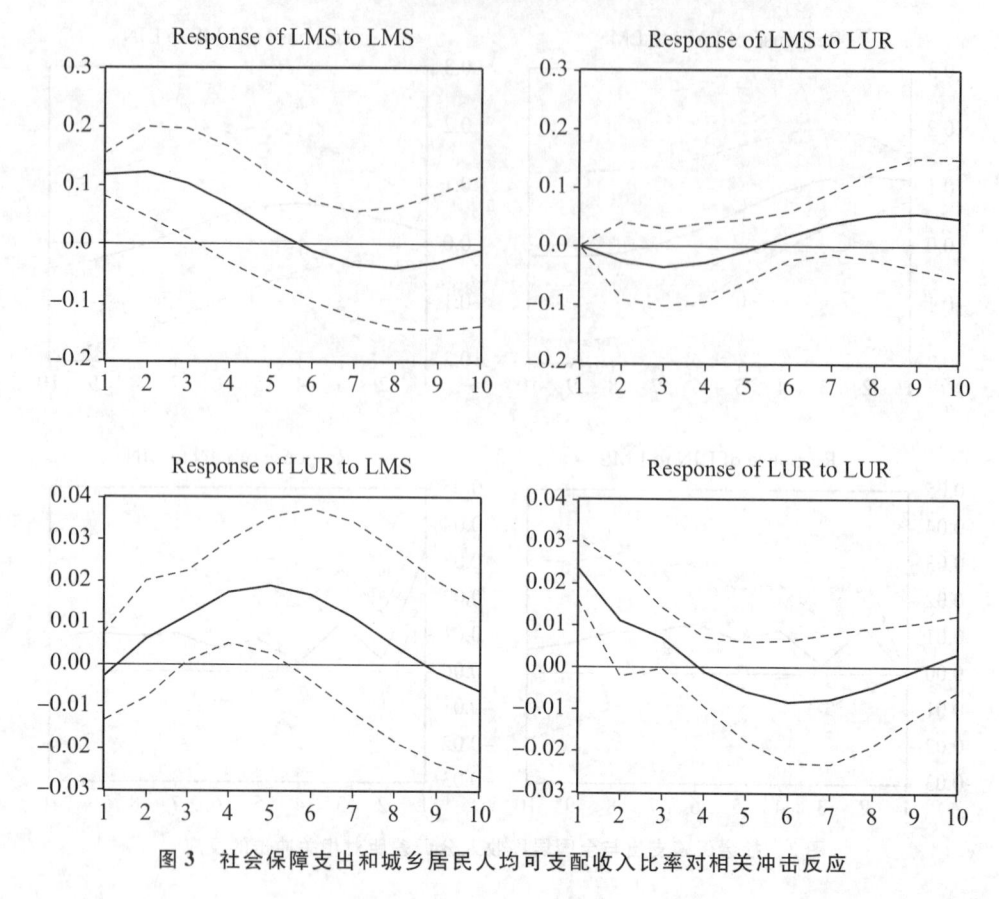

国企改制与国有资产流失使得国企管理者与劳动者之间的收入差距迅速拉开；农地转移与城市拆迁都使得财富发生了逆向转移。因此，社会保障支出在调节收入分配上功能缺位，且作用受到抑制。

五、强化社会保障支出收入公平分配职能的政策建议

1. 开征社会保障税，为社会保障支出提供坚实的物质基础。开征社会保障税本质是将目前的社保费改为社保税，使社会保障基金以国家强制的形式由全国统筹，可以保证收入的稳定性，并将社保税发放至全社会，将纳税人的福利以法律制度来保障。其开征可以完善社会保障的筹资形式、提高社会保障统筹级次，更好地发挥税收调节收入分配的作用，也可以起到分散风险的作用。统筹层次提高后，可以实现社保基金统一管理，从而提高投资收益。

2. 完善社会保障制度，保护低收入群体利益。社会保障为广大低收入群体、

因疾病、残疾丧失劳动力的社会成员维持基本生活提供必要的实物或货币开支，是援助社会弱势群体的最主要途径，是维护社会稳定的最后一道防线。我国应借鉴西方发达国家经验，从社会保障制度的结构、支出、力度等方面不断完善，提高社会保障资金的利用效率，使社会保障制度能够起到有效调节收入分配差距的作用。

（1）使社会保障体系全民覆盖，城乡统一。长期以来的城乡二元体制使社会保障制度也产生城乡区别，城市居民在养老、医疗、失业救济等方面，无论是获得的数额还是享有的服务质量均比农村居民有优势。要效仿美国建立全国范围内统一的社会保障账号，消除区域和城乡障碍，使社会成员无论身处何地均能享受社会保障福利。当前农村大部分人没有养老保险，仍处于"养儿防老"的状态，当前参与新农保的农村居民数量较少，相当一部分为减少不必要开支拒绝个人缴费。应适当降低新农保中个人缴费的比重，引导教育农村居民加入新农保之中，此外要适当提高最低生活保障标准，将更多的农村居民纳入低保范围。

（2）加大投入，提高社会保障资金利用效率。2011年我国社会保障支出总额仅占 GDP 的 2.4%，在西方发达国家中，美国是 16.8%，瑞典是 35%，芬兰是 38%。社会保障资金数额少而被保障人群基数庞大，这就使得资金的利用效率低，无法起到有效缓解收入差距作用。政府应继续加大对社保资金的投入，尤其是增加对农村的投入。在农村尝试建立农民、集体、政府三方互动的社保体系，增加农民的参与权，将社保资金投入到关键部位，鼓励引导城镇企业的参与，创新社保资金的筹资渠道。

（3）创新投资渠道，确保社保资金的保值增值。当前我国的社保资金主要存入国有银行或购买国债，增值空间有限。应创新投资渠道，发放特种国债或由政府委托专业的基金投资部门对财政账户盈余的社保资金投放市场确保其增值。

参考文献

1. 阮加、阮敬科：《收入分配问题现状、原因及对策探讨》，载《经济学动态》2011年第4期。
2. 马海涛、王威：《论现阶段调节收入分配差距的政策战略》，载《财政监督》2012年第3期。
3. 张玉周：《调节我国收入分配差距的财税政策研究》，载《财政研究》2012年第1期。
4. 杨金磊：《收入分配结构调整与中国消费需求问题研究》，载《改革与战略》2012年第2期。
5. 朱媛媛：《对我国现阶段收入分配问题的探究》，载《中国经济问题》2012年第2期。
6. 王泽彩：《财政均富：调整收入分配差距的理论探索》，载《财政研究》2012年第1期。
7. 郭树清：《关于改善收入分配可以采取的若干措施》，载《当代财经》2011年第1期。
8. 陈建东、夏柱兵：《二次分配对城镇居民收入差距的调节效果分析——基于2007～2010年安徽省城镇住户调查数据》，载《经济理论与经济管理》2011年第9期。
9. 阎坤、程瑜：《促进我国收入分配关系调整的财税政策研究》，载《税务研究》2010年第

3期。
10. 吴文庆：《财政政策的收入分配效应研究评述》，载《经济学动态》2011年第10期。
11. 赵桂芝：《我国区域间居民收入差距财政调控效应分析》，载《财经问题研究》2010年第4期。
12. 李永友、沈玉平：《财政收入垂直分配关系及其均衡增长效应》，载《中国社会科学》2010年第6期。
13. 杨宜勇、池振合：《我国收入分配面临的主要问题及其对策》，载《税务研究》2010年第9期。
14. 徐珂、赵国春：《中国大陆社会保障支出水平与效率评价——基于DEA模型的实证分析》，载《经济与管理》2010年第5期。
15. 陈正光、骆正清：《我国城乡社会保障支出均等化分析》，载《江西财经大学学报》2010年第5期。
16. 施晓琳：《我国城乡居民收入差距与社会保障制度的完善》，载《生产力研究》2009年第11期。

Reconsideration of Equitable Income Distribution of Social Security Expenditure

Yang Lin

Abstract: Income distribution is a long-term social problem. It covers the relationship between government and market, equity and efficiency, social welfare and other issues. Analyzing causes of inequitable distribution and exploring long-term implementation path of equitable income distribution is of important theoretical value and practical significance for promoting China's economic development and social stability. Theoretically, social security expenditure can narrow the income gap, but results put forward different point of view in the past research. Combined with the practice of social security expenditure in our country in recent years, based on perspective of public economics, through building the VAR model of correlation between social security expenditure and income distribution, ADF test and co-integration test, granger causality analysis and impulse response analysis, this paper shows the results that: social security expenditure plays an limited role in national income gap narrowing, but it do help ease the income gap between urban and rural residents. Collecting social Security tax and improving the social security system is the inevitable choice to strengthen equitable income distribution functions of social security expenditure in China's current period.

Key words: income distribution equitable distribution social security expenditure VAR model social security tax

高考是进入高收入行业的敲门砖吗?

李后建[*]

摘　要: 非生产性因素造成了劳动力市场扭曲,从而导致行业收入不平等。基于此,本文利用2007年中国家庭收入分配调查数据,并控制住个体性别、年龄和婚姻状况等表征劳动生产率的特征之后,评估了在非生产性因素影响的情况下,高考对进入高收入行业的作用。研究发现,在逐步纳入各类非生产性影响因素后,高考仍是个体进入高收入行业的敲门砖。当将样本分为内地和沿海两个子样本以及不同高考年代的三个子样本,并且利用父母或配偶父母教育程度和兄弟姐妹排行作为工具变量,处理了高考的内生性偏误之后,本文发现高考在市场化程度较高的沿海地区更有利于劳动者进入高收入行业,此外,高考对进入高收入行业的积极作用会随着高考年份的推进而逐渐弱化,而社会关系等非生产性因素的影响却随之强化。本文的政策内涵在于,要打破劳动力市场的障碍,必须消除社会关系等非生产性因素对劳动力市场的干扰,让高考在劳动力市场上充分发挥人力资源配置的作用。

关键词: 高考　劳动力市场门槛　社会关系　行业收入差距

一、引言

自1977年恢复高考以来,高考曾在人们心目中有着重要的地位,它是莘莘学子改变命运,进入高收入行业的重要途径之一。当前,谈到如何进入高收入行业时,人们往往更关注家庭背景,开始质疑高考作为高收入行业敲门砖的重要性。因为在当前形势下,仅通过高考来实现进入高收入行业的梦想似乎并不可行,因为阻挡人们进入高收入行业的其他因素,诸如关系和户籍似乎显得更加重要(陈钊等,2009)。然而,现实中关于高考消除行业进入障碍作用的质疑并无相关实证研究予以佐证。因此,从实证上发现高考对进入高收入行业的作用既是缩小当前行业间收入差距的关键所在,又是正确评价当前高考体制优劣的重要依据。本文发现,即使在控制了一些可能影响个体进入高收入行业的因素(比如年龄、婚姻状况、性别、

---

[*] 李后建,重庆大学经济与工商管理学院博士研究生；E-mail: lihoujianguoying@126.com。本文得到教育部人文社会科学青年项目(项目编号:12YJC790008)和国家社会科学基金青年项目(项目编号:12CJL022)的资助。

社会关系、户籍等）之后，高考仍是个体进入高收入行业的敲门砖。

本文的研究结论说明，在中国，通常所见的行业收入差异至少在一定程度上并非是由家庭背景的差异所导致的。以往关于行业收入差距的解释见仁见智，大量文献从诸多层面解释了行业收入差距的原因，例如行业垄断（武鹏，2011；王敬勇，2013）、非市场力量（陈钊等，2009）、教育水平（Ning，2010）等。鲜有研究从"高考"的视角来研究劳动力市场上行业进入障碍。尽管有大量研究探讨了教育水平与行业收入差距之间的关系，但我们并不能简单地将"高考"归为教育水平。这是因为高考是个体选择大学和进入大学的资格标准，它将直接影响个体所能进入的大学层次，从而改变其人生轨迹。因此，本研究从新的视角增进了对行业收入差距的理解。就中国而言，本文为理解中国未来劳动力市场的转变提供了重要的依据。如果高考是进入高收入行业的敲门砖，那么要缩小日益扩大的行业收入差距，打破教育资源垄断，提高高考率将是非常重要的政策。

与以往文献相比，本文的创新点主要体现在以下三个方面：第一，本文基于一项大型微观调查数据，首次评估了高考对于进入高收入行业的作用，从而客观地反馈了高考在劳动力市场上所扮演的角色，以及高考制度对我国人力资本积累的作用，有助于我们进一步理解高考对劳动力市场的影响；第二，本文在控制住性别、年龄、婚姻状况等表征生产率的特征后，评估了在非生产性因素影响下，不同市场化程度区域的高考在劳动力市场上的作用，为进一步理解在正式制度和非正式制度交互影响的情况下，高考在劳动力市场上的运行质量提供了新的证据；第三，本文将全体样本按照高考年份的跨度划分为三个子样本，评估了不同高考年份的高考在劳动力市场上的作用。

本文的结构安排如下：第二部分简要地评论与本文有关的文献，并揭示本文的贡献；第三部分为本文的数据和模型；第四部分是模型的拓展；最后是结论和政策含义。

二、文献回顾

（一）行业收入差距的理论解释框架

行业收入差距是经济中最普遍而又最难解释的现象之一。因为在完全竞争的劳动力市场，如果控制住个体之间的异质性，那么行业本身不应该对个体收入有显著影响。但实际情况是，行业收入差距是世界各地存在的普遍现象（陈钊等，2009；Arbache et al.，2004；Erdil and Yetkiner，2001）。关于这一现象的解释主要有非竞争性理论、竞争性理论和效率工资理论。

劳动力市场的非竞争性理论将行业收入差距既归因于制度刚性，如劳动法和集体谈判（Cahuc and Zylberberg，2004），又归因于劳动力市场的进入障碍。Kahn（1998）验证了集体谈判与工资离差之间的关联性，他认为相比欧洲而言，美国具有更高的行业收入差距和工会工资溢价。他解释说欧洲盛行的集体谈判缩小了工资离差。Rycx，Tojerow and Valsamis（2008）利用六个西欧和四个东欧国家的微观数据，通过实证研究发现，行业收入差距与社团主义程度之间呈现出负向关联性。事实上，集体谈判模型和内部人—外部人模型等理论强调了工会或社团力量在工资谈判中的作用，即工会或社团力量的集中抑或分散将直接影响员工的工资水平，从而导致行业收入差距。此外，除了制度刚性外，劳动力市场的进入障碍也会导致行业收入差距。Krueger and Summers（1988）利用美国当前人口调查（Current Population Survey，CPS）和季度就业调查（Quarterly Employment Survey，QES），通过实证研究发现，劳动力市场具有进入障碍，而并非表现出完全竞争状态。他们同时发现行业收入差距并不能完全由未被观测到的个体特征或工作补偿的货币性动机来解释。即使控制住未被观测到的个体特征之后，他们仍然发现不同行业之间依旧存在着明显的收入差距。此外，他们还发现企业规模会影响工资结构，并且员工离职与工资差异呈现出负相关联性。这表明高收入行业获得了非竞争性的租金。

竞争性理论则将行业收入差距归因于补偿差异、特定行业的人力资本积累或者不可观测的员工素质差异。竞争性理论表明横截面上可观测的行业收入差距是一种错觉而并非反映了真实的行业薪酬差距。遵照这种观点，可观测的工资结构产生于未被观测到的员工异质性和工作特征。较高收入行业之所以做出工资补偿政策，是为了补偿不同职业的非货币性差异，这些差异或者源于不可测度的劳动素质，或者源于不理想的工作条件，或者源于工作特性等，这些因素将影响员工的效用，为了使得员工能够享受同等条件下的公平效用，企业必须对这些员工给予补偿。Murphy and Topel（1987）提供的证据表明可观测的行业收入差距的三分之二可以由未被测度的员工特征来解释。Martins（2004）的研究结论也同样表明，未被观测到的劳动素质能够有效地解释工资结构，在工资分布的高分位数上，行业收入差距会进一步拉大。此外，由于竞争性理论认为完全竞争的市场并不存在市场失灵，因此这些理论更加主张"放任自流"的就业政策。

效率工资理论则为企业自愿为员工支付高于市场出清的工资水平能够降低员工的离职率并激励员工努力工作，并且效率工资理论承认政府干预有提高市场效率的可能性。此外，Krueger and Summers（1988）和Thaler（1989）根据效率工资模型的特性将其划分为四类：（1）偷懒模型，即高收入行业应该是那些监督成本和员工偷懒成本相对较高的行业；（2）离职模型，即高收入行业应该是那些离职成本最高的行业；（3）逆向选择模型，即高收入行业应该是那些对劳动力素质差异更加敏感或测度劳动力素质的成本相对较高的行业；（4）公平工资模型，高利润的行业将会支付更高的工资，因为员工相信公平原则要求企业公平地分享经营成果。

因此，通过这四类模型可以很快地识别出高收入行业的特征。同时，我们有足够的理由相信企业自愿为员工提供高于市场出清的工资并创造员工依附感的激励条件，实际上是企业换取更高生产率的一种策略（陈钊等，2009）。

（二）高考与高收入行业门槛

毋庸置疑，教育被认为是个人收入的重要影响因素之一。教育可以提高个体的技能并显示其固有的生产力。因此学历越高的员工往往能够获得更高的报酬。由于教育投资回报直接依赖于高等教育机构的知名度（Loyalka et al.，2009），因此，自高考制度恢复以来，人们开始热衷于通过高考进入理想的大学，从而获得更多选择理想职业的机会（Loyalka et al.，2012）。一般而言，每年省级政府通常会根据本省高考分数的整体分布情况来设定不同层次的高考分数线，例如，一本、二本和三本分数线。而各个高校会根据招生计划和生源情况设定最低控制分数线。考生一般会结合本省高考分数线、各个高校往年的最低控制分数线以及自己的预估或真实分数来填报志愿。因此，高考分数越高的考生往往能够进入更加知名的学府，从而增加进入高收入行业的砝码（Loyalka et al.，2012）。这是因为更加知名的学府可以凭借其更加丰富的教学资源和过硬的教学质量等优势来增加学生的人力资本（Becker，1964）。更重要的是，在信息不对称的劳动力市场，知名学府是毕业生向雇主发出的信号，表明知名学府毕业的学生往往具备较高的能力（Spence，1973）。此外，选择进入更加知名的学府可以为学生提供建立高端人脉关系网络的机会，从而为毕业之后进入高收入行业夯实人脉基础（Nechyba，2006；Ishida et al.，1997）。

然而，自20世纪90年代后期，中国教育不平等持续恶化，社会背景对教育水平有着强烈的影响，使得教育机会在某种程度上内生决定（Ning，2010）。贫困家庭的孩子尽管更加迫切地想通过教育来改变自己的命运，但是由于经济条件的限制，他们难以从教育扩招和教育市场化中受益（丁小浩，2006）。此外，行业收入差距的存在也同样激励学生挤入所谓的热门专业，例如金融和计算机，而忽视了他们自身天赋与生产力。这使得高校人才培养与劳动力市场需求错位。在垄断性行业，员工的高薪得益于高垄断租金。尽管从事垄断行业并不必须高教育水平，但是垄断性企业通常会设置高学历门槛来招募新员工。因此，对于贫困学生而言，通过高考进入理想的大学并获得高学历来进入垄断性行业就显得非常重要。然而，在关系型社会中，社会关系网络资源匮乏的贫困学生单凭高学历无法保证其能够进入高收入行业。Chen 和 Feng（2011）通过研究发现，父母的教育程度不仅通过人力资本积累而且还通过劳动力市场上的裙带关系影响孩子的劳动力市场进入门槛。由于在劳动力市场上缺乏社会关系网络资源的贫困学生有更强的动机进入高收入行业来摆脱困境，因此，如果他们不能凭借现有的学历条件进入高收入行业，那么他们可能会选择接受更高的教育水平，最终导致过度教育。过度教育会增加贫困学生在就业决策中的约束条件，从而使其跌入"教育陷阱"，以致锁定他们目前的贫困状态。需要强调的是，尽管教育具有信号显示的功能，但是由于不合格的考试制度和企业的有限甄别机制而使得教育的信号显示功能失效（宁光杰，2006）。

三、数据说明与计量模型

（一）数据说明

本文分析所使用的数据源于中国社会科学院经济研究所与国家统计局共同收集的中国家庭收入调查（CHIPS）2007年的城镇居民数据。之所以选择这个调查数据，其原因在于，首先，这个数据库是一个全国范围内的劳动力市场调查数据，涵盖了家庭成员特征、家庭社会关系及生活情况、家庭收支及住房情况等信息，从而满足了本文研究之需要；其次，这个数据库是迄今中国收入分配与劳动力市场研究领域中最具权威性的基础性数据资料，它的调查范围广、规模大，2007年的数据涵盖了上海、江苏、浙江、广东、安徽、河南、湖北、重庆和四川9个省级行政单位的19个市和县，包括5 000个家庭，共14 699人；最后，该调查采用两阶段分层随机取样，调查者在第一阶段随机抽取城市、县和镇，第二阶段则在所抽取的城市、县和镇中随机抽取家庭。这样能够在一定程度上保证被抽中的调查样本在总体中合理、均匀分布，调查出现倾向性偏差的问题极小，从而使得调查样本具有充分的代表性。在剔除了相关缺失数据后，符合本文要求的样本数为5 687个，且样本涵盖了上述九个省级行政单位。

（二）计量模型

基于微观视角，个体能否进入高收入行业取决于个体特征差异和非市场因素（陈钊等，2009），而我们重点关注的是在控制个体特征差异和非市场因素之后，个体的高考经历是否有利于其进入高收入行业。基于此，我们借鉴陈钊等（2009）的研究思路，将待估的回归方程设定如下：

$$industry_i = \alpha_1 + \beta gaokao_i + \Gamma w_i + u_i \tag{1}$$

在式（1）中，industry是行业哑变量。通过单因素方差分析和费雪事后检定将不同行业按照薪酬水平的高低分为高收入行业、中间收入行业和低收入行业。我们将高收入行业定义为1，中间收入行业定义为0，而低收入行业定义为-1。根据我们的估计结果，高收入行业包括"电力、燃气及水的生产和供应业"、"信息传输、计算机服务和软件业"、"金融业"、"教育"、"卫生、社会保障和社会福利业"和"公共管理和社会组织"。低收入行业包括"采矿业"、"住宿和餐饮业"、"水利、环境和公共设施管理业"、"居民服务和其他服务业"和"文化、体育和娱乐业"。其他行业属于中间收入行业。gaokao 是反映个体高考经历的哑变量,若个体经历过高考(包括保送),则定义为 1,否则为 0。表示控制变量的回归系数矩阵,w 表示系列的控制变量,① 其中个体特征控制变量包括性别(gender)、年龄(age)、婚姻状况(marital)、健康状况(health)、户籍性质(hukou)、是否少数民族(minority)、是否参加过职业培训(train)。

非市场因素包括社会关系网络(network),我们用"最近半年给你帮过忙的人大概有多少人"来度量,之所以选择社会关系网络作为非市场因素是因为以往研究表明,关系有助于个体进入高收入行业(陈钊等,2009)。由于个体拥有的社会关系网络可能与一些未被观测到的因素有关,为了减少遗漏重要变量可能带来的估计偏误,我们控制了与受访者关系最近的父母或配偶父母的教育程度(pareduc)以及职业性质(paroccu)。为了反映个体对高收入行业的需求,我们控制了个体换高薪工作的动机(turnover),用"是否想换报酬较高的工作"来度量。最后,我们控制了个体工作单位所有制性质和省份哑变量。② 表 1 给出了主要变量的描述性统计。

表 1   主要变量的描述性统计

变量	平均数	标准差	最小值	最大值
industry	0.1095	0.6787	-1	1
gaokao	0.3592	0.4798	0	1
gender	0.4830	0.4998	0	1
age	40.6261	12.4623	18	65
marital1	0.0981	0.2975	0	1

---

① 在本文中,关于变量的赋值作如下说明,性别:男性取值为 1,女性为 0。年龄:年龄等于 2007 年减去出生年,在回归过程中剔除了年龄大于 65 岁的样本。婚姻状况有未婚、初婚、再婚、离异、丧偶、同居等情况,我们将未婚和初婚设为虚拟变量,其他婚姻状况作为参照组,即若未婚,则赋值为 1,否则取值为 0;若初婚,则取值为 1,否则取值为 0。健康状况,即受访者自评的健康状况,回答的项目包括非常不好、不好、一般、好和非常好,我们依序赋值为 1、2、3、4 和 5。户籍状况,本市/县非农户口则赋值为 1,否则为 0;少数民族:少数民族赋值为 1,其他为 0;参加培训:若参加过培训则取值为,否则取值为 0;父母或配偶父母的教育程度:教育程度分为未上过学、扫盲班、小学、初中、高中、中专、大学专科、大学专科和研究,我们依序赋值为 1、2、3、4、5、6、7、8 和 9。父母或配偶父母的职业性质:若父母或配偶父母曾经的职业性质为商业或服务业则赋值为 1,否则赋值为 0。寻找高薪工作的动机:若受访者想换高薪工作,则赋值为 1,否则为 0。

② 工作单位所有制包括 1 党政机关、2 国家、集体的事业单位、3 民办企事业单位、4 国有独资企业、5 国有控股企业、6 集体独资企业、7 集体控股企业、8 私营独资企业、9 私营控股企业、10 外资独资企业、11 外资控股的合资企业、12 国有控股的合资企业、13 集体控股的合资企业、14 私营控股的合资企业、15 个体、16 其他企业。

续表

变量	平均数	标准差	最小值	最大值
marital2	0.8378	0.3687	0	1
health	2.8456	0.7304	1	5
hukou	0.9070	0.2904	0	1
minority	0.0112	0.1055	0	1
train	0.3651	0.4815	0	1
network	4.0937	6.2992	0	87
pareduc	3.2575	1.8000	1	9
paroccu	0.0786	0.2692	0	1
turnover	0.0752	0.2637	0	1

四、高考与劳动力市场进入门槛：实证分析

（一）基准规范分析

表1报告了基准模型的分析结果。通过比较有序概率模型与OLS的结果，可以发现模型的系数符号和显著性均无明显的变化，为了便于解释和比较变量系数的大小，我们在下文中将主要报告OLS的回归结果。

在表2中，我们主要关注的是高考，其系数为正（表2中（1）），这表明高考的确有利于个体进入高收入行业。在加入社会关系网络（network）变量之后，高考的系数没有明显变化，其他控制变量的系数也没有显著变化（表2中（2））。再次加入家庭背景变量之后，高考的系数仍无明显变化，社会关系网络的系数有所下降，父母或配偶父母的更高教育水平（pareduc）有助于个体进入高收入行业，而父母或配偶父母从事商业或服务业（paroccu）对个体进入高收入行业并无明显的促进作用（表2中（3））。此外，户籍（hukou）对个体进入高收入行业具有显著的促进作用。这几点发现表明，在控制住劳动力市场中的非生产性因素后，高考仍是个体进入高收入行业的敲门砖。这表明高考不仅能够增加个体的生产力，而且还能够促进行业之间的人力资源配置。此外，在非生产因素的影响下，高考的劳动力市场进入门槛效应仍无明显变化，这可能是因为非生产性因素和高考是个体进入高收入行业的互补因素，即在劳动力市场上，非生产性因素可能嵌入在高考中，从而将个体配置到高收入行业中。

表 2　　高考与劳动力市场门槛（基准规范模型）

	Ordered Probit 估计结果				OLS
	(1)	(2)	(3)	(4)	(5)
gaokao	0.2595***	0.2597***	0.2563***	0.2187***	0.1508***
	(0.0316)	(0.0316)	(0.0340)	(0.0342)	(0.0200)
gender	0.0912**	0.0911**	0.0896**	0.0893**	0.0412**
	(0.0415)	(0.0415)	(0.0414)	(0.0414)	(0.0201)
age	−0.0152*	−0.0150*	−0.0158*	−0.0163*	−0.0092*
	(0.0080)	(0.0080)	(0.0087)	(0.0087)	(0.0052)
agesq	0.0176**	0.0176**	0.0178*	0.0177*	0.0105*
	(0.0083)	(0.0083)	(0.0091)	(0.0091)	(0.0054)
marital1	0.0674	0.0680	0.0247	0.0460	0.0155
	(0.0947)	(0.0950)	(0.1027)	(0.1030)	(0.0609)
marital2	0.2319***	0.2338***	0.1950***	0.2074***	0.1158***
	(0.0643)	(0.0645)	(0.0715)	(0.0718)	(0.0424)
health	0.0546**	0.0506**	0.0526**	0.0518**	0.0304**
	(0.0217)	(0.0217)	(0.0224)	(0.0223)	(0.0130)
hukou	0.1650***	0.1671***	0.2008***	0.1324**	0.1204***
	(0.0516)	(0.0518)	(0.0559)	(0.0564)	(0.0333)
minority	−0.3100**	−0.3111**	−0.2936*	−0.2679*	−0.1724*
	(0.1446)	(0.1446)	(0.1588)	(0.1591)	(0.0930)
train	0.1206***	0.1114***	0.0773**	0.0749**	0.0456**
	(0.0314)	(0.0315)	(0.0335)	(0.0336)	(0.0198)
network		0.0072***	0.0056**		0.0032**
		(0.0024)	(0.0026)		(0.0015)
pareduc			0.0241***	0.0181**	0.0143***
			(0.0090)	(0.0091)	(0.0053)
paroccu			0.0369	0.0322	0.0214
			(0.0591)	(0.0593)	(0.0349)
guanxi				0.4054***	
				(0.0356)	
turnover	0.4391***	0.4406***	0.4261***	0.3562***	0.2544***
	(0.0567)	(0.0567)	(0.0605)	(0.0608)	(0.0358)

续表

	Ordered Probit 估计结果				OLS
	(1)	(2)	(3)	(4)	(5)
常数项					-0.1033
					(0.1669)
所有制固定效应	Yes	Yes	Yes	Yes	Yes
省份固定效应	Yes	Yes	Yes	Yes	Yes
观察值	5 687	5 687	5 687	5 687	5 687
R^2 或伪 R^2	0.0271	0.0281	0.0301	0.0303	0.0353

注意：guanxi 表示受访者依赖关系找到工作，agesq 表示年龄的平方/100；*、**、*** 分别表示在10%、5%和1%的显著水平上显著。

其他一些控制变量的系数与以往文献的研究结论相似。在同等条件下，相对于女性而言，男性更容易进入高收入行业，这一研究结论与陈钊等（2009）和朱彤等（2012）的发现是一致的，即在劳动力市场上存在着严重的性别歧视，男性拥有更多的机会进入高收入群体；年龄与劳动力市场门槛呈现出 U 型关系，根据系数的粗略估算，个体进入高收入行业的年龄转折点大约在 44.38 岁；相对于其他婚姻状况（未婚、再婚、离婚、丧偶和同居），已婚个体更容易进入高收入行业，这与章元、陆铭（2009）和朱彤等（2012）的研究结论是一致的，即已婚增加了个体努力工作的动机，并激励个体进入高收入行业以获得更高的收入水平来维持婚姻家庭生活。本文认为已婚具有明显的"婚姻溢酬"，这种"婚姻溢酬"既有可能来自于雇主的歧视，也有可能来自于夫妻各自的比较利益分工，从而促进了家庭产出，这有待于进一步的研究；健康（health）对进入高收入行业具有显著的促增效应，这与以往的研究结论是相似的（张川川，2011），即健康可以促使个体适应劳动，并以更好的精力投入到劳动中，从而增加了个体进入高收入行业的可能性；相对于少数民族而言，汉族进入高收入行业的机会更大，可能的原因是少数民族更可能受到地域特征和文化差异等因素的限制而使得其进入高收入行业的概率降低。参与职业培训（train）能够明显增加个体进入高收入行业的概率，这主要是因为职业培训能够帮助个体提高劳动技能（王海港等，2009），从而提高个体进入高收入行业的概率。

在以上模型中，社会关系网络可能存在着较大的度量误差，因为拥有帮助过自己的社会网络越多，并不意味着个体在找工作时会动用这些社会关系网络。为此，我们根据受访者获得当前主要工作的渠道，即政府/社区安排介绍、商业职介（包括人才交流会）、招聘广告、直接申请（含考试）、家人/亲戚介绍、朋友/熟人介绍和其他等，在表 2 中（3）的基础上，我们将政府/社区安排介绍、家人/亲戚介绍和朋友/熟人介绍这三种工作获取渠道合并为通过社会关系找工作，将其他几种获取工作的渠道定义为通过市场渠道找工作，并以其作为参照组。将社会关系网络替换为通过社会关系找工作后发现，通过社会关系找工作能够显著促进个体进入高收入行业，此时高考的系数值有所下降（表2中（4）），但仍然在1%的水平上显著为正，这表明社会关系网络在一定程度上弱化了高考对于通过市场渠道寻找工作的个体进入高收入行业的作用。此外，为与（3）对照，表2中（5）给出了OLS的回归结果。

（二）高考变量的内生性及工具变量估计

已有文献研究教育等人力资本积累与收入之间的关系时，都面临着一个难题，即未能通过有效的估计策略识别出教育与收入之间的因果关系（Hoogerheide et al.，2012）。表2中的结果表明高考与高收入行业进入之间是正向关联的，但是它们之间的因果关系可能还需要进一步谨慎识别。因为我们无法确定在表2中所显示的高考与高收入行业进入之间的正向关联性，是源自于高考增加了进入高收入行业的机会，还是高收入行业群体更有机会参加高考。为了克服高考在居民高收入行业进入机会决定方程中的内生性，以进一步识别出高考与高收入行业进入机会之间的因果关系走向，本文利用工具变量回归来解决这一问题，因为工具变量回归可以产生合适的估计量来克服现存的内生性问题（Card，2001）。但是利用工具变量回归的一个难题是寻找出有效的工具变量，并且这一变量与内生解释变量强烈相关且满足排除限制（exclusion restriction）。在诸多研究中，家庭背景通常被认为是教育的有效工具变量（Parker and Van Praag，2006）。与其他工具变量相比，家庭背景变量作为工具变量的优势在于其与内生解释变量显著相关，且在调查数据中具有可获得性。因此，使用家庭背景作为工具变量可以避免"弱工具变量"问题（Bound，Jaeger & Baker，1995）。然而，近些年来，利用父母或配偶的教育水平作为个体教育水平的工具变量已备受批评（Psacharopoulos and Patrinos，2004），这主要是因为这些变量并不满足工具变量回归中的严格有效性假设。因为家庭背景变量可能对个体收入水平有着直接的影响，因此他们不能用来作为个体教育水平的工具变量。此外，家庭背景还有可能影响到个体寻找工作类型的偏好（Kawaguchi and Miyazaki 2009），而这一偏好又将直接影响个体的收入水平。鉴于变量的可获得性，我们遵循以往的研究经验，除了选取家庭背景中父母或配偶父母的教育水平这个工具变量以外，还选取了个体在兄弟姐妹中的排行作为工具变量，选择这个工具变量的合理性在于，首先，兄弟姐妹排行能够明显地影响个体获得高考的机会，一般而言，兄弟姐妹越多且排行越靠后的个体获得高考的机会就会越小。其次，兄弟姐妹排行并不会直接对个体收入水平造成影响，而是通过教育水平等其他因素来间接影响个体收入水平（Kantarevic and Mechoulan，2005）。因此，以兄弟姐妹排行作为工具变量满足有效工具变量选择的诸多条件。

表3中汇报了工具变量的估计结果，表3中（6）和（7）分别报告的是两阶段最小二乘估计结果和一阶段回归估计结果。在一阶段回归估计中，工具变量兄弟姐妹排行（rank）和父母或配偶父母教育水平（pareduc）的估计系数在5%的水平上分别显著为负和正。这表明工具变量与内生解释变量，即高考是显著相关的。为了考察工具变量选择的有效性，我们通过以下四个检验来确认：第一，一阶段回归的F统计量为56.43，超过10的经验切割点，因此我们有理由拒绝弱工具变量的原假设。第二，萨甘（Sargan）检验在5%的水平上接受了工具变量满足过度识别的约束条件，再次说明本文工具变量是有效的。第三，帕甘和霍尔（Pagan and hall，1983）的异方差检验接受了估计方程扰动过程中没有任何异方差的原假设。第四，杜宾—吴—豪斯曼检验统计量在5%的水平上拒绝了回归元是外生的原假设。综上可知，二阶段最小二乘法的估计结果是有效且一致的。从估计的结果来看，高考对个体进入高收入行业有正向影响，且在1%的显著水平上显著，与普通最小二乘法的估计结果基本吻合。值得注意的是，工具变量估计的结果与最小二乘法估计的结果相比，表3中（6）的高考系数提高较大。这表明，高考的内生性使得最小二乘法估计产生向下偏倚，从而倾向于低估高考对高收入行业进入的作用。为了稳健起见，我们利用工具变量广义矩法（IV-GMM）和对弱工具变量更不敏感的有限信息最大似然法（IV-LIML）对（6）重新进行估计，结果显示IV-GMM和IV-LIML的系数估计值与2SLS非常接近，这也从侧面印证了"不存在弱工具变量"。

表3　　　　　　　　　高考与劳动力市场门槛（工具变量估计）

	(6) IV-2SLS	(7) 第一阶段	(8) IV-GMM	(10) IV-LIML
gaokao	0.6738***		0.6679***	0.6919***
	(0.1769)		(0.1824)	(0.1807)
rank		-0.0044**		
		(0.0021)		
pareduc		0.0321***		
		(0.0038)		
gender	0.0191*	0.0121***	0.0172*	0.0178*
	(0.0112)	(0.0043)	(0.0112)	(0.0112)
age	-0.0039*	-0.0152***	-0.0036*	-0.0036*
	(0.0021)	(0.0038)	(0.0020)	(0.0021)
agesq	0.0052*	0.0148***	0.0049*	00049*
	(0.0033)	(0.0039)	(0.0030)	(0.0032)
marital1	0.0710	-0.0946**	0.0732	0.0731
	(0.0708)	(0.0450)	(0.0730)	(0.0712)

续表

	（6） IV-2SLS	（7） 第一阶段	（8） IV-GMM	（10） IV-LIML
marital2	0.1166**	0.0250	0.1173**	0.1161**
	(0.0459)	(0.0302)	(0.0506)	(0.0461)
health	0.0297***	0.0078	0.0283***	0.0279***
	(0.0104)	(0.0098)	(0.0105)	(0.0101)
hukou	0.0604***	0.1098***	0.0620***	0.0583***
	(0.0215)	(0.0237)	(0.0217)	(0.0218)
minority	-0.2121**	-0.1032	-0.2122**	-0.2142**
	(0.1020)	(0.0662)	(0.1034)	(0.1025)
train	0.0155**	0.1088***	0.0148**	0.0178**
	(0.0071)	(0.0143)	(0.0066)	(0.0062)
network	0.0027**	0.0026**	0.0031**	0.0032**
	(0.0013)	(0.0011)	(0.0015)	(0.0014)
paroccu	0.0354	-0.0148	0.0353	0.0356
	(0.0381)	(0.0252)	(0.0377)	(0.0382)
turnover	0.2164***	0.0592**	0.2166***	0.2152***
	(0.0406)	(0.0258)	(0.0409)	(0.0409)
常数项	-0.1691	0.2633**	-0.1723	-0.1756
	(0.1910)	(0.1199)	(0.1918)	(0.1921)
所有制固定效应	Yes	Yes	Yes	Yes
省份固定效应	Yes	Yes	Yes	Yes
D-H-W	23.96**		27.11**	24.31**
Sargan Test(P)	0.1667			
Hansen J(P)			0.1327	
Anderson-Rubin				0.1174
P-H test (P)	0.1663		0.1636	0.1754
F 统计量	73.08***	56.43***	72.53***	72.53***
观察值	5 687	5 687	5 687	5 687
Centered R-squared	0.0946	0.0438	0.0918	0.1039

注意：rank 表示受访者的出生排行。

（三）模型的拓展：高考作用的跨地区比较

正如前述，社会关系等非市场因素显然弱化了高考对进入高收入行业的作用。但我们仍不知晓的是在不同市场化水平的地区，高考对于个体进入高收入行业的作用是否存在差异呢？为此，我们将研究样本分为内地和沿海两个子样本，内地子样本涵盖安徽、河南、湖北、重庆和四川五个省级地区，沿海子样本涵盖上海、江苏、浙江、广东四个省级地区。首先，我们利用 OLS 回归分别估计内地和沿海两个子样本，回归结果汇报在表 4 中的（11）和（12），估计的结果显示，内地高考和沿海高考的系数在 1% 的显著水平上显著为正，不同的是沿海地区的高考系数值是内地高考系数值的 1.3 倍，这似乎意味着在市场化的作用下，高考对于进入高收入行业的作用程度会变大。为了克服可能存在的高考的内生性问题，我们采用了工具变量广义矩估计（IV - GMM）。回归结果分别汇报在表 4 中的（13）和（14），结果显示，沿海和内地高考皆对个体进入高收入行业有正向影响，且在 1% 的显著水平上显著，与普通最小二乘法的结论基本吻合。不同的是高考在工具变量回归中的系数更大，且沿海高考的估计系数值是内地高考系数值的 1.5 倍。这表明 OLS 既存在着对高考作用的低估，也显然低估了市场化就非市场因素对高考作用干扰的弱化作用。对于非市场因素的估计系数而言，社会关系网络（network）对于高收入行业的作用虽然为正，但变得并不显著；户籍对进入高收入行业仍有明显的促进作用，不同的是内地的户籍作用是沿海户籍作用的近两倍，这一结论与陈钊等（2009）的研究结论不一致，他们认为东部地区的户籍系数是内地户籍系数的三倍，造成这种结果的原因可能来自于 2002~2007 年间的相关户籍制度改革，并且进一步说明在这段时区内沿海地区的户籍改革效果要更加明显；[①] 对于父母或配偶父母的职业性质而言，父母或配偶父母现在或曾经从事过商业或服务的系数在沿海地区变得显著，且对个体进入高收入行业有促进作用，而在内地并不显著。

表 4　　高考与劳动力市场门槛的跨地区比较

	（11）内地	（12）沿海	（13）内地（IV）	（14）沿海（IV）
gaokao	0.1363***	0.1774***	0.5234**	0.8126***
	(0.0277)	(0.0286)	(0.2552)	(0.2421)
gender	0.0129***	0.0063	0.0076**	0.0051
	(0.0051)	(0.0068)	(0.0034)	(0.0063)
age	-0.0127*	-0.0074	-0.0054	-0.0040
	(0.0073)	(0.0073)	(0.0084)	(0.0095)
agesq	0.0134*	0.0087	0.0068	0.0051
	(0.0075)	(0.0077)	(0.0085)	(0.0096)
marital1	-0.0505	0.0605	0.0611	0.1231
	(0.0851)	(0.0868)	(0.1060)	(0.1004)
marital2	0.1205**	0.1134*	0.1725**	0.0748*
	(0.0589)	(0.0610)	(0.0762)	(0.0413)

① 陈钊等（2009）使用的数据为 2002 年的 CHIPS 数据，而本文使用的数据为 2007 年的 CHIPS 数据。

续表

	（11）内地	（12）沿海	（13）内地（IV）	（14）沿海（IV）
health	0.0517***	0.0691***	0.0212**	0.0242***
	(0.0201)	(0.0225)	(0.0101)	(0.0097)
hukou	0.1414**	0.1187***	0.0833***	0.0473**
	(0.0596)	(0.0402)	(0.0279)	(0.0231)
minority	-0.2893**	0.0962	-0.3955***	0.1311
	(0.1131)	(0.1688)	(0.1404)	(0.1403)
train	0.0114	0.0792***	0.0171	0.0334***
	(0.0291)	(0.0269)	(0.0142)	(0.0125)
network	0.0025*	0.0046**	0.0011	0.0016
	(0.0015)	(0.0019)	(0.0024)	(0.0023)
paroccu	0.0496	0.0965**	-0.0075	0.1011*
	(0.0505)	(0.0484)	(0.0571)	(0.0536)
turnover	0.2601***	0.2442***	0.2318***	0.2009***
	(0.0534)	(0.0478)	(0.0606)	(0.0559)
常数项	0.1017	-0.3485	-0.0669	-0.4278
	(0.2301)	(0.2531)	(0.2689)	(0.2841)
所有制固定效应	Yes	Yes	Yes	Yes
省份固定效应	Yes	Yes	Yes	Yes
D-H-W(P)			27.13**	23.51**
Hansen J(p)			0.2961	0.0742
P-H test(p)			0.1812	0.2257
F 统计量			45.66***	34.47***
观察值	2 870	2 817	2 870	2 817
调整后 R^2	0.0304	0.0339		
Centered R-squared			0.1533	0.0345

  其他变量的系数在不同地区的对比也值得我们探讨。首先，虽然男性进入高收入行业的机会要明显大于女性，但是在沿海地区这种情况似乎并不明显，而在内地却表现得异常明显。这说明，在不同市场化程度的情况下，行业的性别歧视有明显的差异性；其次，就全体样本而言，相对于汉族而言，少数民族进入高收入行业的机会可能会更小，但是在不同市场化的地区，这种情况似乎并不一致。具体表现为在沿海地区少数民族可能更容易进入高收入行业，但这种可能性并不明显，但在内地，少数民族更难进入高收入行业，且在1%的水平上显著，这表明市场化可能会消除进入高收入行业的民族歧视所导致的市场障碍；最后，虽然职业培训对个体进入高收入行业有显著的促进作用，但在市场化不同的地区，职业培训的作用却并不一致，具体表现为在内地，职业培训对个体进入高收入行业虽然有正向影响，但并

不明显，而在沿海地区，职业培训对个体进入高收入行业有显著的促进作用。

(四) 模型的拓展：高考作用的跨年代比较

除了通过横向比较不同地区的高考在劳动力市场上的作用以外，我们似乎更加关心不同年代的高考对于劳动者进入高收入行业的作用是否存在差异呢？为此，我们将样本按照个体回答参加高考的年份划分为20世纪60年及以前参加高考（1969年及以前）、70年代参加高考（1970~1979年）和80年代及以后参加高考（1980年及以后）。同样的，我们首先利用OLS回归分别估计这三个子样本，回归结果分别汇报在表5中的（15）、（16）和（17），估计的结果显示，不同年代的高考系数在10%的显著水平上显著为正，随着高考年代的递进，高考的系数在逐渐递减，且变得越来越不显著，这似乎意味着随着高考年代的递进，高考对于进入高收入行业的作用在逐渐弱化。为了克服可能存在的高考的内生性问题，我们同样采用了工具变量广义矩估计（IV-GMM）。回归结果分别汇报在表5中的（18）、（19）和（20）。结果显示，在10%的显著水平上，不同年代的高考对进入高收入行业有显著的促进作用，这一结果与OLS估计的结果是基本吻合的。但是在工具变量的估计中，高考的系数值要更大，且60年代及以前的高考系数值是80年代及以后高考系数值的近5倍，是70年代高考系数值的近4倍。从劳动力市场上的非市场因素来看，社会关系网络的作用越来越大，且越来越显著。这似乎意味着随着高考年代的推进，高考的作用逐渐地被社会关系网络弱化，且这种弱化作用越来越强。

表5 高考与劳动力市场门槛的跨出生年比较

	(15) 60年代	(16) 70年代	(17) 80年代	(18) 60年代	(19) 70年代	(20) 80年代
	OLS	OLS	OLS	IV-GMM	IV-GMM	IV-GMM
gaokao	0.1684***	0.1581***	0.1022*	0.5788***	0.1578***	0.1267*
	(0.0255)	(0.0354)	(0.0570)	(0.0261)	(0.0363)	(0.0674)
gender	0.0823**	0.0033*	0.0011	0.0615**	0.0027*	0.0009
	(0.0031)	(0.0018)	(0.0015)	(0.0031)	(0.0015)	(0.0015)
age	-0.0101	0.0662	-0.1397	-0.0072	0.0834	-0.0017
	(0.0108)	(0.1294)	(0.1724)	(0.0111)	(0.1313)	(0.1839)
agesq	0.0116	-0.1096	0.3317	0.0092	-0.1351	0.0291
	(0.0100)	(0.1998)	(0.3891)	(0.0102)	(0.2026)	(0.4109)
marital1	0.2507	-0.0534	0.6105**	0.2119	-0.0963	0.5377**
	(0.3010)	(0.1442)	(0.2531)	(0.3436)	(0.1334)	(0.2053)

续表

	(15) 60年代	(16) 70年代	(17) 80年代	(18) 60年代	(19) 70年代	(20) 80年代
marital2	0.1527***	0.0548	0.6916***	0.1653***	0.0751	0.6344***
	(0.0465)	(0.1072)	(0.2525)	(0.0515)	(0.1059)	(0.2088)
health	0.1091***	0.0817**	0.0581*	0.0987***	0.0712**	0.0281*
	(0.0331)	(0.0371)	(0.0312)	(0.0302)	(0.0355)	(0.0161)
hukou	0.1299***	0.1749***	0.0783	0.1298***	0.1756***	0.0379
	(0.0495)	(0.0493)	(0.0958)	(0.0481)	(0.0452)	(0.0901)
minority	−0.1285	−0.0126	−0.5909**	−0.1152	−0.0186	−0.5645***
	(0.1151)	(0.1580)	(0.2806)	(0.1087)	(0.1427)	(0.1756)
train	0.0156	0.0792**	0.1135***	0.0143	0.0851**	0.0917**
	(0.0254)	(0.0351)	(0.0343)	(0.0258)	(0.0363)	(0.0381)
network	0.0021	0.0052*	0.0082**	0.0015	0.0051*	0.0081**
	(0.0019)	(0.0027)	(0.0034)	(0.0018)	(0.0029)	(0.0031)
paroccu	0.0076	0.0757	−0.0200	0.0087	0.0635	0.0347
	(0.0444)	(0.0658)	(0.0942)	(0.0465)	(0.0609)	(0.1045)
turnover	0.2830***	0.1895***	0.3014**	0.2845***	0.1862***	0.2022
	(0.0464)	(0.0596)	(0.1195)	(0.0461)	(0.0570)	(0.1440)
常数项	−0.1937	−1.2376	2.2687	−0.2914	−1.4964	0.8779
	(0.3212)	(2.0910)	(1.9685)	(0.3210)	(2.1232)	(2.0962)
所有制固定效应	Yes	Yes	Yes	Yes	Yes	Yes
省份固定效应	Yes	Yes	Yes	Yes	Yes	Yes
D−H−W(P)				26.44**	37.44***	23.71**
Hansen J(P)				0.1271	0.2200	0.0918
P−H test(P)				0.1436	0.2312	0.1029
F统计量				44.12***	47.55***	39.78***
观察值	3 100	1 562	1 025	3 100	1 562	1 025
调整后 R^2	0.0304	0.0379	0.0469			
Centered R-squared				0.0344	0.0479	0.0418

其他变量的系数在不同高考年代的对比也非常有趣。首先，性别歧视随着高考年代的推进在逐渐弱化；其次，户籍的作用随着高考年代的推进是先强化后逐渐弱化，甚至不显著；最后，职业培训的作用随着高考年代的推进在逐渐强化。

五、结论与政策内涵

本文使用 2007 年中国家庭收入调查（CHIPS）的城市居民数据，考察了高考对个体进入高收入行业的影响。我们发现，即使在控制了一些可能影响生产率的因素（例如性别、年龄、婚姻状况等）之后，高考仍有利于个体进入高收入行业，但社会关系会等非市场因素在一定程度上弱化了高考的作用。在考虑高考的内生性之后，本文利用父母或配偶父母教育水平和兄弟姐妹排行作为工具变量对计量模型重新估计，结果显示，高考对进入高收入行业的影响更大。我们将样本按地区划分为沿海和内地两个子样本，在考虑了高考变量的内生性问题之后，结果显示，与内地相比，沿海地区高考对进入高收入行业的作用程度要明显大于内地，这说明市场化的作用有利于进入强化高考的作用。对于非市场因素而言，随着户籍制度改革的推进，户籍的作用随着市场化的作用而在逐渐弱化；此外，我们又重新将样本按个体参加高考的年份划分为 60 年代及以前高考、70 年代高考和 80 年代及以后高考三个子样本，同样在考虑了高考的内生性问题之后，结果显示，随着高考年代的推进，高考对进入高收入行业的促进作用越来越弱，且越来越不明显，相反地，社会关系网络的作用却越来越强，且越来越明显，这意味着随着参加高考年份的推进，一些非市场性因素逐渐扭曲了高考在劳动力市场上的人力资源配置作用。

其他一些有趣的结论包括，行业性别歧视在沿海并不明显，而在内地比较显著，同时随着高考年代的推进，行业性别歧视也在逐渐弱化；户籍的作用在内地要强于沿海，同时随着高考年代的推进，户籍的作用会先强化后弱化；职业培训对于沿海地区个体进入高收入行业具有显著促进作用，而在内地的作用并不明显，随着高考年代的推进，职业培训的作用逐渐凸显，且程度越来越大。

在当前高考体制改革的大背景下，本文的上述实证分析结果，为有效评估当前高考的作用和针对性地消除行业进入障碍提供了新的思路，即在营造公平竞争的市场经济环境时，中国政府应该积极打破劳动力市场进入门槛，让高考成为劳动力市场上人力资源筛选的重要机制。具体而言，需要努力做好以下几个方面的工作：

首先，高考改革既要关注素质教育的推进，更应该重视高考在劳动力市场中的作用。在劳动力市场上，若个体与行业之间的匹配是通过家庭背景等非市场因素完成的，那么这将会直接造成劳动力市场的分割与扭曲，而劳动力市场的分割与扭曲将直接导致行业部门效率损失，阻碍中国产业结构转型与升级。因此，随着高考改革的推进，以劳动力市场扭曲为推动力的人力资源配置模式对产业结构的转型与升级无疑起到阻滞作用。基于此，我们更应该重视高考在劳动力市场上的人力资源配置作用，匡正家庭背景等非市场因素对劳动力市场的扭曲。

其次，要完善劳动力市场制度，加强市场因素的主导力量，降低劳动市场扭曲程度。对于市场主导的劳动力市场而言,劳动力自由流动是其主要特征。长期以来,户籍制度、性别歧视、社会关系网络等非市场力量成为劳动力自由流动的重要障碍因素。因此,加快户籍制度改革、档案制度改革、强化妇女劳动权益保护、破除社会关系网络壁垒,从而疏通劳动力市场上劳动力流动的渠道,促进劳动力资源优化配置。加强诸如高考等市场因素的力量,提升人力资源配置效率。在市场经济条件下,高考可谓是劳动力市场的强信号之一,因为高考可以在一定程度上显示个体的教育程度以及高等教育层次,从而对劳动力信息进行有效甄别。

最后,既要重视基础素质教育,又要重视职能培养。当前,中国正面临着劳动力市场的转型,同时劳动力市场对我国教育和培训市场发出了一个明确的信号:必须改革传统的教育模式,重视劳动者的职能培养,适应信息时代潮流,培养的人才要适应市场经济的要求,面向劳动力市场。最后需要强调的是加强劳动力市场化程度,完成劳动力市场转型与发育,推动中国经济成功转型。

参考文献

1. 陈钊、陆铭、佐藤宏:《谁进入了高收入行业?——关系、户籍与生产率的作用》,载《经济研究》2009 年第 10 期,第 121~132 页。

2. 丁小浩:《规模扩大与高等教育入学机会均等化》,载《北京大学教育评论》2006 年第 2 期,第 24~33 页。

3. 宁光杰:《发展中国家教育的信号功能及其失灵》,载《清华大学教育研究》2006 年第 5 期,第 55~63 页。

4. 武鹏:《行业垄断对中国行业收入差距的影响》,载《中国工业经济》2011 年第 10 期,第 76~86 页。

5. 王海港、黄少安、李琴、罗凤金:《职业技能培训对农村居民非农收入的影响》,载《经济研究》2009 年第 2 期,第 128~139 页。

6. 王敬勇:《行业收入差距的原因:垄断与人力资本孰是孰非?还是兼而有之?》,载《当代经济科学》2013 年第 1 期,第 9~15 页。

7. 朱彤、刘斌、李磊:《外资进入对城镇居民收入的影响及差异——基于中国城镇家庭住户收入调查数据的经验研究》,载《南开经济研究》2012 年第 2 期,第 33~54 页。

8. 张川川:《健康变化对劳动供给和收入影响的实证分析》,载《经济评论》2011 年第 4 期,第 79~88 页。

9. Arbache, J. S., Dickerson, A., Green, F. (2004). Assessing the stability of the inter-industry wage structure in the face of radical economic reforms [J]. Economics Letters, 83 (2), 149–155.

10. Becker, G. (1964). Human Capital [M]. National Bureau of Economic Research, New York.

11. Bound, J., Jaeger, D. A., & Baker, R. M. (1995). Problems with instrumental variables estimation when the correlation between the instruments and the endogenous explanatory variable is weak [J]. Journal of the American Statistical Association, 90 (430), 443–450.

12. Cahuc, P. and Zylberberg, A. (2004). Labor Economics [M]. Cambridge, Massachusetts:

The MIT Press.

13. Card, D. (2001). Estimating the returns to schooling: Progress on some persistent econometric problems [J]. Econometrica, 69 (5), 1127-1160.

14. Chen, Y. and Feng, S. (2011). Parental education and wages: Evidence from China [J]. Frontiers of Economics in China, 6 (4), 568-591.

15. Erdil, E. and Yetkiner, I. H. (2001). A comparative analysis of inter-industry wage differentials: industrialised versus developing countries [J]. Applied Economics, 33, 1639-1648.

16. Hoogerheide, L. F., Block, J. H., Thurik, R. (2012). Family background variables as instruments for education in income regressions: A Bayesian analysis [J]. Economics of Education Review, 31, 515-523.

17. Ishida, H., Spilerman, S., Su, K. (1997). Educational credentials and promotion chances in Japanese and American organizations [J]. American Sociological Review, 62 (6), 866-882.

18. Kahn, L. M. (1998). Collective Bargaining and the Inter-industry Wage Structure: International Evidence [J]. Economica, 65 (260), 507-534.

19. Kantrevic, J., Mechoulan, S. (2006). Birth order, educational attainment and earnings: an investigation using the PSID [J]. Journal of Human Resources, 41, 755-777.

20. Kawaguchi, D., Miyazaki, J. (2009). Working mothers and sons' preferences regarding female labor supply: direct evidence from stated preferences [J]. Journal of Population Economics, 22 (1), 115-130.

21. Krueger, A. and Summers, L. H. (1988). Efficiency wages and the inter-industry wage structure [J]. Econometrica, 56 (2), 259-293.

22. Loyalka, P. K., Song, Y. Q., and Wei, J. G. (2012). The effects of attending selective college tiers in China [J]. Social Science Research, 41, 287-305.

23. Loyalka, P. K., Song, Y. Q., Wei, J. G. (2009). Information, College Choice and Financial Aid: Evidence from a Randomized Control Trial in China [W]. CIEFR Working Paper 9004.

24. Martins, P. S. (2004). Industry Wage Premia: Evidence from the Wage Distribution [J]. Economics Letters, 83, 157-163.

25. Murphy, K. M. and Topel, R. H. (1987). Unemployment, risk, and earnings: Testing for equalizing wage differences in the labor market [M]. In Lang, K., and Leonard, J. S. (Eds.), Unemployment and the Structure of Labor Markets. Oxford: Basil Blackwell.

26. Nechyba, T. (2006). Income and peer quality sorting in public and private schools. In: Hanushek, E., Welch, F. (Eds.), Handbook of the Economics of Education 2. Elsevier/North Holland.

27. Ning, G. J. (2010). Can educational expansion improve income inequality? Evidences from the CHNS 1997 and 2006 data [J]. Economic Systems, 34, 397-412.

28. Pagan, A. R. and Hall, D. (1983). Diagnostic tests as residual analysis. Econometric Reviews, 2 (2): 159-218.

29. Parker, S. C., & Van Praag, C. M. (2006). Schooling, capital constraints, and entrepreneurial performance: The endogenous triangle [J]. Journal of Business & Economic Statistics, 24 (4), 416-431.

30. Rycx, F., Tojerow, I., and Valsamis, D. (2008). Inter-industry wage differentials in Europe: an east-west comparison [W]. Paper presented at the 2008 EALE Conference in Amsterdam.

31. Thaler, R. H. (1989). Anomalies: Inter-industry wage differentials [J]. Journal of Economic Perspectives, 3 (2), 181 – 193.

Is College Entrance Examination a Stepping Stone to Entry to the High – Wage Industries?

Li Houjian

Abstract: Non-productive factors had caused labor market distortions, and lead to industrial income inequality. Based on this, this paper using the survey data of CHIP, controlling the labor productivity that is characterized by individual gender, age and marital status etc, evaluate the effects of the college entrance examination on the entrance to the high-wage industries in the case of non-market factors affecting. The results show that, the college entrance examination is still a stepping stone for individual to entry to the high-wage industries in the case of various non-market factors affecting. When contrasting coastal and inland subsamples, and three subsamples of different college entrance examination times, after using the parents' or spouse parents' education level and birth order as the instruments for the college entrance examination, we find that marketization level is more helpful for weakening the effects of non-market factors on the college entrance examination function of human resource allocation in the labor market. Moreover, the college entrance examination's function in the labor market is weakening with the college entrance examination times changing, but the social relationship's distorting effects in the labor market is strengthening. The policy implication of this paper is that: if we want to break entry barriers in the labor market, we should eliminate the effects of non-market factors on labor market interference, let college entrance examination play important to allocate human resources in the labor market.

Key words: *college entrance examination   labor market threshold   social relationship   industrial income gap*

中国行业工资不平等：基于细分行业的考察

彭树宏[*]

摘　要：本文通过运用《中国统计年鉴》细分行业职工平均工资数据，采用多种不平等指数，从静态和动态两个方面全方位刻画了 1993~2008 年期间中国细分行业工资不平等的演化特征。结果表明，中国行业工资不平等在考察期内表现出逐年递增的演进趋势，细分行业工资差距的变化更可能由工资分布两端的变化而引起。细分行业工资分布的演化表明中国细分行业工资差距呈现出高者愈高、低者愈低的行业马太效应。基于广义基尼系数的细分行业工资差距变化分解结果表明，细分行业工资差距一直在扩大，工资增长更多地集中于高工资行业。基于流动性指数的测算结果表明，在考察期内，中国行业工资流动性太低且越来越弱，不是社会合意的。

关键词：行业工资不平等　不平等指数　收入流动性

一、引言

在传统计划经济时期，我国实行"平均主义"的收入分配政策，不同行业之间的收入差距并不明显。改革开放后，特别是 20 世纪 90 年代全面建立市场经济体制以来，不同行业职工之间的收入差距开始逐步拉大。近年来，行业收入差距已经成为继城乡收入差距和地区收入差距后，又一重要收入差距表现形式，受到社会广泛关注。2006 年，一则《电厂抄表工年薪 10 万元》的报道，引发民众情绪。2011 年年初，《中国行业收入差距扩大至 15 倍，跃居世界首位》的报道见诸各大网站新闻排行榜首，再次引发公众热议。

长期以来，研究中国收入差距的学者更多地关注城乡收入差距和地区收入差距，对行业收入差距的研究相对较少。近年来逐步扩大的行业收入差距和公众的现实关注吸引学者将目光投向行业收入差距的研究。陈钊、万广华和陆铭（2010）采用 CHIPS 数据，基于回归方程的收入差距分解发现，从 1988~1995 年，再到 2002 年，行业间收入不平等对中国城镇居民收入差距的贡献越来越大。顾严和冯银虎（2008）借助非参数估计中的 Kernel 方法，对 1978~2006 年中国十几个大行

---

[*] 彭树宏，江西财经大学协同创新中心；E-mail：shuhong.peng@gmail.com。

业人均实际工资概率分布形态的实证研究结果表明，中国收入分配格局开始由单峰向双峰转变，行业收入已经出现了两极分化的趋势。任重和周云波（2009）在将我国垄断行业细分为垄断行业和部分垄断行业的基础上，利用面板回归方法和费景汉－拉尼斯分解方法，测算了1999~2007年这两类垄断对我国行业收入差距的影响。叶林祥、李实和罗楚亮（2011）针对企业利润对工资差距的影响究竟来自效率工资还是来自租金分享的问题，利用2004年第一次全国经济普查数据进行了实证考察。彭树宏（2012）采用CHARLS数据，从均值收入和分布收入角度考察了垄断行业和非垄断行业收入决定机制的差异，研究表明中国垄断行业存在着较为明显的"共享式"收入决定特征。岳希明等（2010）应用Oaxaca-Blinder分解方法，把垄断行业高收入分解为合理和不合理两个部分。实证分析发现，垄断行业与竞争行业之间收入差距的50%以上是不合理的。

在对行业收入差距的研究中，准确测度行业收入差距的程度是一项基础性的工作。但是现有对中国行业收入差距的测度研究大多基于门类行业数据（如王询和彭树宏（2012）），且多是静态角度的测算。门类行业是国民经济行业分类标准中最粗的一个行业分类，采用这个层面的数据难以准确反映更细行业之间的差异。同时，各行业间工资不平等的程度不仅要静态看，更应从动态角度考察。即使单个年份的行业工资差异很大，但只要各年间的行业工资流动性较强，那么一段时期的行业工资不平等仍是可以接受的。本文通过运用《中国统计年鉴》细分行业职工平均工资数据，采用多种不平等指数，从静态和动态两个方面全方位刻画了1993~2008年期间中国行业工资差距的演化特征。

接下来的第二节介绍了本文研究所用数据和相关不平等测度方法；第三节从行业工资差距的演化、典型年份工资分布、行业工资差距变化分解和行业工资流动性四个方面给出了中国行业工资差距的测算结果；最后的第四节是全文结论的总结。

二、数据与方法

（一）数据描述

1993~2008年细分行业职工平均工资的原始数据取自相应年份的《中国统计年鉴》。由于考察期内我国国民经济行业分类标准发生了变化，为了便于前后年份的对比，我们将各年份行业分类进行了统一归并，经归并最终得到48个细分行业职工平均工资。

用各年各行业最高工资除以最低工资即得各年行业极值工资比，图1用图形的方式直观展示了1993~2008年各年行业极值工资比的演化趋势。表1整理出了最高最低工资行业所占据的年数。从图1中，我们可以看到，细分行业极值工资比总体呈上升趋势。行业极值工资比从1993年的3.64上升到2008年的7.01，翻了近两倍。历年最高工资细分行业在计算机应用服务业和航空运输业之间轮换，而最低工资细分行业则在农业、林业和畜牧业之间轮流。从行业极值工资比和各年极值工资的行业分布情况可以看到，中国行业工资差距自20世纪90年代开始一直呈上升趋势，且行业工资流动性很弱。行业极值工资比和极值工资的行业分布情况只能简单地揭示行业工资差距的情况，更科学准确的信息揭示需要更科学精准的测度方法。

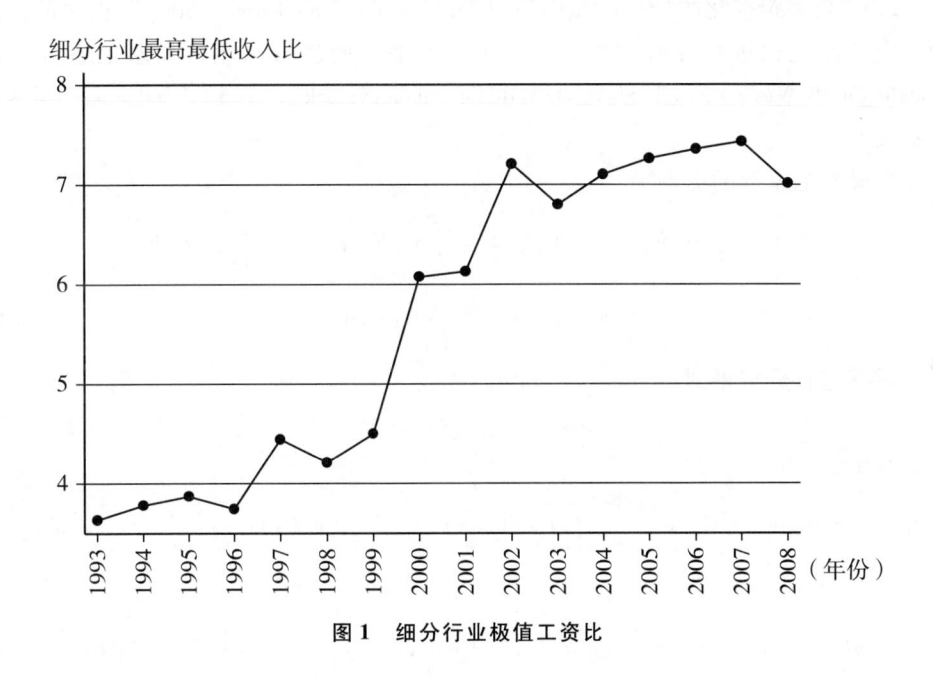

图1 细分行业极值工资比

表1　　　　　　　　最高最低工资行业占据年数

	行业	所在年份	占据年数
最高工资	计算机应用服务业	1997、2000~2006	8
	航空运输业	1993~1996、1998~1999、2007~2008	8
最低工资	林业	1997~1999、2003~2006	7
	农业	1993~1995、2000~2002	6
	畜牧业	1996、2007~2008	3

（二）测算方法

1. 工资差距的测度。测度不平等的指标众多，每一种指标都有对收入分配不同部分的独特敏感性,因而最好是多个指标同时使用(万广华(2008))。我们将从多个角度对中国行业工资差距的历史演变进行刻画。我们首先采用基尼系数、泰尔指数和 Atkinson 指数三种代表性指标来计算行业工资的不平等程度;然后画出典型年份的核密度曲线,以直观了解行业工资分布的演化状况。选择基尼系数、泰尔指数和 Atkinson 指数来计算行业工资差距是因为它们分别代表了现有的三类不平等测度指标体系;① 画工资分布的核密度曲线是因为单一的不平等指标抽象掉了工资分布各个部位的细节,遗漏了很多重要信息。

2. 工资差距变化的分解。我们采用 Jenkins and Van Kerm (2006) 提出的方法对工资差距变化进行分解。在此方法中,不平等的度量采用广义基尼系数(由 Donaldson 和 Weymark (1980)、Donaldson 和 Weymark (1983)、Yitzhaki (1983) 等提出)。

广义基尼系数的变动为:

$$\Delta G(v) \equiv G_1(v) - G_0(v) = \int_a^b w(F_0(x); v) \frac{x}{\mu_0} f_0(x) dx$$
$$- \int_{a'}^{b'} w(F_1(x); v) \frac{x}{\mu_1} f_1(x) dx \quad (1)$$

对其进行分解得到:

$$\Delta G(v) = R(v) - P(v) \quad (2)$$

其中:

$$R(v) = G_1(v) - C_1^0(v) = \int_a^b \int_{a'}^{b'} [w(F_0(x); v) - w(F_1(y); v)] \frac{y}{\mu_1} h(x, y) dx dy \quad (3)$$

$$p(v) = G_0(v) - C_1^0(v) = \int_a^b \int_{a'}^{b'} w(F_0(x); v) \left(\frac{y}{\mu_1} - \frac{x}{\mu_0}\right) h(x, y) dx dy \quad (4)$$

$R(v)$ 是排序变化指数,反映了工资位序的变动;$P(v)$ 是相对工资变化指数,反映了不同工资群体的工资变化差异。

3. 工资流动性的测度。工资流动性是指同一个人或同一组人在不同时期的工资变动。工资流动性分析的基础性工具是转换矩阵。转换矩阵可以比较直观地反映各阶层间的工资流动状况,但难以做出一个总体的判断。基于转换矩阵计算的一系列反映工资流动性水平的指标则可以做到这一点。但由于工资流动性的内涵非常丰富,不同的指标往往只能刻画其某一方面的特征。所以我们将采用多个指标来计算中国行业工资流动性,一方面从多个角度反映工资流动性,另一方面也可检验结论

---

① 现有测度不平等的指标可分为三类:第一类是通过一种先验的选择性过程来界定而得;第二类是通过公理性方法推导而得;第三类是在福利经济学理论的基础上发展而得。基尼系数、泰尔指数和 Atkinson 指数分别是这三类不平等测度指标体系的代表(Cowell, 2000)。

的稳健性。① 我们选择 Hart 指数（Hart, 1976）、Shorrocks 指数（Shorrocks, 1978）和 CDW 指数（Chakravarty, Dutta and Weymark, 1985）这三种工资流动性测度指标。其中，Hart 指数是基于 Pearson 相关系数定义的；Shorrocks 指数是通过公理化方法导出的流动性指标；CDW 指数则是基于社会福利函数的工资流动性测度指标。Hart 指数和 Shorrocks 指数越大，表明工资流动性越强；CDW 指数大于零，表明该工资流动是社会合意的，反之则是社会不合意的。

三、中国行业工资不平等的演化：1993～2008

（一）行业工资差距的演化

我们在细分行业层次计算了 1993～2008 年各年的行业基尼系数、泰尔指数和阿特金森指数，结果如表 2 所示。虽然这三种指数对工资分布不同部位的敏感性不同，但从计算结果来看，在考察期内，它们都表现出逐年递增的演进趋势，其中只有 1998 年、2003 年和 2007 年三年是降低的。1993～2008 年，行业基尼系数由 0.13405 上升至 0.23237，年均上升 4.89%；行业泰尔指数由 0.02996 上升至 0.08897，年均上升 13.13%；行业阿特金森指数由 0.03008 上升至 0.08616，年均上升 12.4%。可以看到，由泰尔指数和阿特金森指数计算的细分行业工资差距的变化比由基尼系数计算的细分行业工资差距的变化要大，这表明细分行业工资差距的变化更可能由工资分布两端的变化而引起，因为泰尔指数和阿特金森指数对工资分布两端的变化更敏感而基尼系数对工资分布中间的变化更敏感。事实上，图 1 行业极值工资比的升高已印证这一事实。

表 2　　　　　　　　　　细分行业工资差距

年份	基尼系数		泰尔指数		Atkinson 指数	
	数值	变化	数值	变化	数值	变化
1993	0.13405	—	0.02996	—	0.03008	—
1994	0.1447	0.01065	0.03407	0.00411	0.03469	0.00461
1995	0.15195	0.00725	0.03821	0.00414	0.03709	0.0024
1996	0.16594	0.01399	0.04621	0.008	0.04402	0.00693
1997	0.18121	0.01527	0.05626	0.01005	0.05259	0.00857

---

① 正如 Fields 和 Ok（1999）所言，工资流动性是一个多面体，任何试图设计一个囊括工资流动性所有方面的度量指标的努力注定是要失败的。

续表

年份	基尼系数		泰尔指数		Atkinson 指数	
	数值	变化	数值	变化	数值	变化
1998	0.16478	-0.01643	0.04489	-0.01137	0.04434	-0.00825
1999	0.1744	0.00962	0.05065	0.00576	0.0496	0.00526
2000	0.19131	0.01691	0.06487	0.01422	0.06075	0.01115
2001	0.19933	0.00802	0.0673	0.00243	0.06488	0.00413
2002	0.21867	0.01934	0.08125	0.01395	0.07647	0.01159
2003	0.2152	-0.00347	0.07783	-0.00342	0.07382	-0.00265
2004	0.21902	0.00382	0.08078	0.00295	0.07721	0.00339
2005	0.22608	0.00706	0.08601	0.00523	0.08216	0.00495
2006	0.23215	0.00607	0.09133	0.00532	0.08632	0.00416
2007	0.22957	-0.00258	0.08651	-0.00482	0.08415	-0.00217
2008	0.23237	0.0028	0.08897	0.00246	0.08616	0.00201

（二）典型年份工资分布

不平等指数能概况反映工资分布的不均等程度，对比不同年份的不平等指数可以看到总体差异的变化，但却无法看到工资分布各部位的变化。为此，我们从1993年开始，每隔五年选取一个年份画核密度估计曲线，以考察中国行业工资分布的演化状况。从图2中，我们可以看到，1993~2008年，以均值工资为中心，行业工资分布变得越来越发散，高端和低端工资的行业增多，中端工资的行业减少。这一结论与最高最低工资比以及不平等指数的测算结果是一致的，表明中国行业工资差距在逐年增大，呈现出高者愈高、低者愈低的行业马太效应。

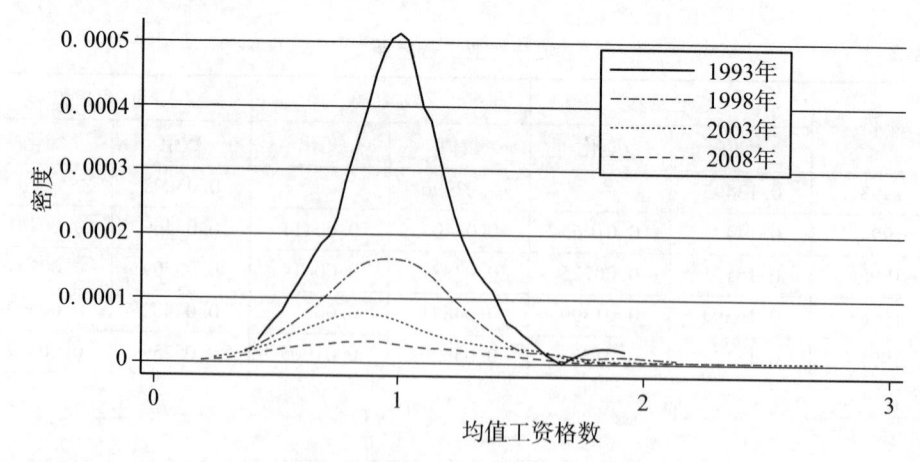

图 2 典型年份细分行业工资分布

(三) 行业工资差距变化分解

我们以四年为一个周期，考察了 1993~1996、1996~1999、1999~2002、2002~2005、2005~2008 年五个时段的细分行业工资差距变化及其分解。我们采用广义基尼系数来度量工资差距，并根据 (2) 式将工资差距变化分解为工资排序变化和相对工资变化两部分。由于 $v<2$ 时，工资分布高端在广义基尼系数测度中所占的权重更大，这不符合工资转移敏感性原则，[①] 所以我们在 $v \geq 2$ 区间取值。具体来讲，我们取 $v=2$、$v=3$、$v=4$ 来进行计算。从表 3 可以看到，广义基尼系数变化和工资排序变化在五个考察时段中均为正，相对工资变化除了在 2002~2005 时期为正外，在其他时期均为负。这表明行业工资差距一直在扩大，工资增长更多地集中于高工资行业。对比不同不平等厌恶参数下的广义基尼系数变化、工资排序变化和相对工资变化可以看到，随着社会对不平等厌恶程度的加深，这三者都变得更大。

表3　细分行业工资差距变化分解

v = 2						
期初年份	期末年份	期初广义基尼系数	期末广义基尼系数	广义基尼系数变化	工资排序变化	相对工资变化
1993	1996	0.134	0.166	0.032	0.013	-0.019
1996	1999	0.166	0.174	0.008	0.005	-0.003
1999	2002	0.174	0.219	0.044	0.009	-0.035
2002	2005	0.219	0.226	0.007	0.011	0.004
2005	2008	0.226	0.232	0.006	0.005	-0.001
v = 3						
期初年份	期末年份	期初广义基尼系数	期末广义基尼系数	广义基尼系数变化	工资排序变化	相对工资变化
1993	1996	0.196	0.235	0.038	0.014	-0.024
1996	1999	0.235	0.250	0.015	0.008	-0.008
1999	2002	0.250	0.304	0.054	0.011	-0.044
2002	2005	0.304	0.315	0.011	0.013	0.002
2005	2008	0.315	0.326	0.010	0.006	-0.005

---

① 工资转移敏感性原则由 Dalton (1920) 提出，该原则要求当一笔工资由高工资者转移给低工资者后 (但不改变低工资者的相对位置)，不平等程度必须下降或保持不变。

续表

期初年份	期末年份	期初广义基尼系数	期末广义基尼系数	广义基尼系数变化	工资排序变化	相对工资变化
			$v=4$			
1993	1996	0.237	0.277	0.039	0.014	-0.025
1996	1999	0.277	0.297	0.021	0.009	-0.011
1999	2002	0.297	0.356	0.058	0.011	-0.048
2002	2005	0.356	0.368	0.012	0.013	0.001
2005	2008	0.368	0.380	0.012	0.006	-0.006

(四) 行业工资流动性

1. 细分行业工资转换矩阵分析。我们计算了 1993～1996、1996～1999、1999～2002、2002～2005、2005～2008 年五个时期的细分行业工资转换矩阵，结果如表 4 所示。我们将工资分为最低、较低、中等、较高、最高五组，表中数字为期初工资组中转移到期末相关工资组的行业比例。所以，各时期转换矩阵的每行和每列元素之和为 1。

最低工资组不存在向下的流动性，除 2005～2008 时期的向上流动性为 0.1 外，其他时期的向上流动性均为 0.2；除 1996～1999 时期有 1/10 比例流入中等工资组外，其他均是流动到较低工资组。这表明，最低工资组行业的流动性非常弱。较低工资组各时期流动性基本保持稳定，向上流动性除 1993～1996 时期为 0.3，2002～2005 时期为 0.1 外，其他时期均为 0.2；向下流动性在 1993～1996 和 2005～2008 时期为 0.1，其他时期均为 0.2。各时期总体流动性维持在 0.3～0.4 之间，各方向流动性对比最低工资组均有提高。中等工资组在 1993～1996 时期向上流动性为 0.33，其他时期向上流动性均为 0.22；在 1996～1999 和 2002～2005 时期的向下流动性分别为 0.33 和 0.11，其他时期的向下流动性均为 0.22。各方向流动性对比较低工资组均有提高。与其他各工资组在各时期的流动性保持平稳不同，较高工资组的流动性在 1993～1996 和 1996～1999 时期较高（主要表现为向上流动性），在 1999～2002、2002～2005 和 2005～2008 时期较低。最高工资组不存在向上流动性，其向下流动性在 1993～1996 时期最高为 0.33，其他时期则为 0.11 或 0.22。总体情况来看，1993～2008 时期内，不流动的行业比例越来越大，这表明行业工资流动性越来越弱。

2. 细分行业工资流动性指数测算。由于不同指标测度的取值范围不同，直接比较各指标间的数值意义不大。我们主要关注各指标值在考察期内的演变趋势。表 5 列出了各时期 Hart 指数、Shorrocks 指数和 CDW 指数的测度结果。Hart 指数是基于 Pearson 相关系数定义的流动性测度指标；Shorrocks 指数是通过公理化方法导出

表 4　细分行业工资转换矩阵：1993~2008

1993~1996 年的转换矩阵							1996~1999 年的转换矩阵					
		1996 年							1999 年			
		最低	较低	中等	较高	最高			最低	较低	中等	较高	最高
1993 年	最低	0.8	0.2	0	0	0	1996 年	最低	0.8	0.1	0.1	0	0
	较低	0.1	0.6	0.3	0	0		较低	0.2	0.6	0.2	0	0
	中等	0.11	0.11	0.44	0.22	0.11		中等	0	0.33	0.44	0.22	0
	较高	0	0.1	0.1	0.6	0.2		较高	0	0	0.2	0.7	0.1
	最高	0	0	0.11	0.22	0.67		最高	0	0	0	0.11	0.89

1999~2002 年的转换矩阵							2002~2005 年的转换矩阵					
		2002 年							2005 年			
		最低	较低	中等	较高	最高			最低	较低	中等	较高	最高
1999 年	最低	0.8	0.2	0	0	0	2002 年	最低	0.8	0.2	0	0	0
	较低	0.2	0.6	0.2	0	0		较低	0.2	0.7	0.1	0	0
	中等	0	0.22	0.56	0.11	0.11		中等	0	0.11	0.67	0.22	0
	较高	0	0	0.2	0.7	0.1		较高	0	0	0.2	0.6	0.2
	最高	0	0	0	0.22	0.78		最高	0	0	0	0.22	0.78

2005~2008 年的转换矩阵						
		2008 年				
		最低	较低	中等	较高	最高
2005 年	最低	0.9	0.1	0	0	0
	较低	0.1	0.7	0.2	0	0
	中等	0	0.22	0.56	0.22	0
	较高	0	0	0.2	0.7	0.1
	最高	0	0	0	0.11	0.89

的流动性指标；CDW 指数则是基于社会福利函数的工资流动性测度指标。这三种指数的构建原理不同，同时采用三种指数测算，既可以从多个角度反映工资流动性，还可以检验结论的稳健性。Hart 指数和 Shorrocks 指数的测度结果表明，考察期内行业工资流动性总体趋弱。2005~2008 时期的 Hart 指数只有 1993~1996 时期的 1/4，2005~2008 时期的 Shorrocks 指数只有 1993~1996 时期的 28%。在各考察期内，CDW 指数均为负，这表明，中国行业工资流动性太低，不是社会合意的。

表 5　　　　　　　　　　细分行业工资流动性测算结果

时期	Hart 指数	Shorrocks 指数	CDW 指数
1993~1996	0.081	0.04	-0.008
1996~1999	0.033	0.017	-0.003
1999~2002	0.032	0.026	-0.016
2002~2005	0.042	0.02	-0.002
2005~2008	0.022	0.011	-0.002

四、总结

本文通过运用《中国统计年鉴》细分行业职工平均工资数据，采用多种不平等指数，从静态和动态两个方面全方位刻画了1993~2008年期间中国行业工资差距的演化特征。基于收入不平等指数的静态测度结果表明，虽然基尼系数、泰尔指数和阿特金森指数对工资分布不同部位的敏感性不同，但从计算结果来看，在考察期内，它们都表现出相同的演进趋势。无论是用基尼系数、泰尔指数还是阿特金森指数计算的细分行业工资不平等在考察期内均表现出逐年递增的演进趋势。由泰尔指数和阿特金森指数计算的细分行业工资差距的变化比由基尼系数计算的细分行业工资差距的变化要大，这表明细分行业工资差距的变化更可能由工资分布两端的变化而引起。不平等指数能概况反映工资分布的不均等程度，对比不同年份的不平等指数可以看到总体差异的变化，但却无法看到工资分布各部位的变化。为此，我们在考察期内隔五年选取一个典型年份画核密度估计曲线，以考察中国行业工资分布的演化状况。细分行业工资分布的演化表明，考察期内中国行业工资差距在逐年增大，高工资行业和低工资行业正逐年增多，中国行业工资正呈现出高者愈高、低者愈低的行业马太效应。

基于广义基尼系数的细分行业工资差距变化分解结果表明，细分行业工资差距一直在扩大，工资增长更多地集中于高工资行业。将不同不平等厌恶参数下的工资排序变化和相对工资变化进行对比后可以看到，随着社会对不平等厌恶程度的加深，各时期工资排序变化和相对工资变化（绝对值）均逐渐增大。行业工资转换矩阵的分析表明，考察期内不流动的行业比例越来越大，显示出行业工资流动性越来越弱的特征。Hart指数和Shorrocks指数的测度结果表明，考察期内行业工资流动性总体趋弱。在各考察期内，CDW指数均为负，这表明，中国行业工资流动性太低，不是社会合意的。

参考文献

1. 陈钊、万广华、陆铭:《行业间不平等:日益重要的城镇收入差距成因——基于回归方程的分解》,载《中国社会科学》2010 年第 3 期,第 65~76 页。
2. 顾严、冯银虎:《我国行业收入分配发生两极分化了吗——来自非参数 Kernel 密度估计的证据》,载《经济评论》2008 年第 4 期,第 5~13 页。
3. 任重、周云波:《垄断对我国行业收入差距的影响到底有多大》,载《经济理论与经济管理》2009 年第 4 期,第 25~30 页。
4. 彭树宏:《中国垄断行业与非垄断行业工资决定机制差异》,载《中南财经政法大学学报》2009 年第 6 期,第 21~27 页。
5. 王询、彭树宏:《中国行业工资差距的演化与特征》,载《中国人口科学》2012 年第 5 期,第 47~55 页。
6. 叶林祥、李实、罗楚亮:《效率工资、租金分享与企业工资收入差距——基于第一次全国经济普查工业企业数据的实证研究》,载《财经研究》2011 年第 3 期,第 4~16 页。
7. 岳希明、李实、史泰丽:《垄断行业高收入问题探讨》,载《中国社会科学》2010 年第 3 期,第 77~93 页。
8. Atkinson, A. B., 1970, "On the Measurement of Inequality", Journal of Economic Theory, Vol. 2, No. 3, pp. 244 – 263.
9. Chakravarty, S. R. and Dutta, B. & Weymark, J. A., 1985, "Ethical Indices of Income Mobility", Social Choice and Welfare, Vol. 2, No. 1, pp. 1 – 21.
10. Cowell, F. A., 2000, "Measurement of Inequality" in Atkinson, A. B. and Bourguignon, F. (ed.), Handbook of Income Distribution, North Holland, Amsterdam.
11. Hart, P. E., 1976, "The Comparative Statics and Dynamics of Income Distributions", Journal of the Royal Statistical Society (Series A), Vol. 139, No. 1, pp. 108 – 125.
12. Jenkins, S. P. and Van Kerm, P., 2006, "Trends In Income Inequality, Pro-poor Income Growth, and Income Mobility", Oxford Economic Papers, Vol. 58, No. 3, pp. 531 – 548.
13. Shorrocks, A. F., 1978, "Income Inequality and Income Mobility", Journal of Economic Theory, Vol. 19, No. 2, pp. 376 – 393.
14. Yitzhaki, S., 1983, "On an Extension of the Gini Index", International Economic Review, Vol. 24, No. 3, pp. 617 – 628.

The Evolution of China Industry Wage Inequality: Based on the Investigation of Subdivision Industries

Peng Shuhong

Abstract: This paper uses the subdivision industry workers' average wage data of China Statistical Yearbook and a variety of inequality indexes to investigate the evolution characteristics of China industry wage differentials during the period 1993 and 2008 from static and dynamic view. The results show that China industry wage inequality is increasing year by year during the investigated period. The subdivision industry wage differentials change is more probably caused by the change of wage distribution on both ends. The evolution of subdivision industry wage distribution shows that Matthew effect has appeared. The result of subdivision industry wage differentials decomposing change based on generalized Gini coefficient shows that the subdivision industry wage differentials has been expanding and wage growth is more concentrated in high-wage industries. The estimation results based on mobility indexes show that China industry wage mobility is low and becoming weaker, that is not socially desirable.

Key words: *industry wage differentials   inequality index   income mobility*

探析女性比例与经济发展水平间关系

——基于统计拟合和 ArcGIS 的视角

杨华磊 周晓波[*]

摘 要：通过统计和 ArcGIS 分析发现：女性比例与经济发展速度正相关，即经济发展速度越高的年份，女性比例越高；经济发展速度越慢的年份，女性比例就越低，女性比例高低成为测度经济发展前景的重要指标，且呈现"经济发展速度每增加 1 单位，女性比例约提高 0.045 个单位"的数量关系，同时如今男女比例失衡远没有媒体报告的那么严重。经济发达的区域，户籍女性比例较高，但户籍女性较高区域，不一定是经济发达区域；户籍女性比例偏低区域，一般是经济落后区域，经济落后区域并不一定是户籍女性比例偏低区域，故经济发展水平与户籍女性比例呈现一左偏的倒 U 型关系；户籍女性比例，在地理空间上，形成中部较低，东部又比西部高的峡谷地势性状。北方务工的女性比例较低，西北又比东北低，在北方，务工女性比例形成一东高西低的地势特征；去南方务工的女性比例相对较高，东南沿海比西南部高，西南部又比中南部高，在南方，务工女性比例形成一个中南部低，东西两边高的峡谷地势特征。务工地的城镇收入水平越高，越对务工人员的女性越有吸引力，即务工女性比例越高，在统计上，呈现一非线性的指数关系，所以务工人员女性比例可成为观察区域城镇发展水平的重要窗口，且城镇发展水平的序和女性务工人员密度呈现 L 型分布，这种分布在社会和自然中是一大类分布。

关键词：女性比例　经济水平　非线性关系　统计拟合　ArcGIS

法国经济物理学家布绍说："人口问题应该是数理经济学家经常关注的领域，源于人口中数据噪音较少，同时许多社会问题都可在人口问题上找到解释"。马尔萨斯对人口增长的解读，达尔文关于自然选择的阐述，拉普拉斯演绎的误差曲线，配第对社会统计学的呼吁，无不与人口有关，虽前辈取得了不菲的成果，但由于至善，科学研究从来没有因已有硕果累累而长期停滞。与人口相关的研究领域很多，正如影响人口性别比的因素很多一样，如自然因子、社会建制以及经济水平等，本文正是研究女性比例与经济水平之间的定性和定量关系。

---

[*] 杨华磊，中国农业大学经济管理学院博士生。E-mail：hlep@cau.edu.cn。周晓波，兰州大学经济学院硕士研究生。国家社会科学基金 2009 年度"加快少数民族地区经济社会发展政策研究——促进西北民族地区经济发展的商业政策设计"西部项目（09XMZ038）。

对本领域的研究，首先源于（1）经济水平是一综合因素，影响着影响性别比的收入水平、教育水平、医疗水平、社会地位、区域产业结构、生育年龄、生活状况、饮食结构、家庭规模、生孩数量、生育观念及生育政策等因子，且随着经济水平的提高，会降低自然因素对性别比的影响，进而影响性别比（胡耀岭，2012）；（2）影响性别比的法律伦理、社会习俗以及宗教信仰等社会文化建制，相对经济水平，是一慢变量，滞后于经济水平的改变，且受经济水平的影响，即经济水平发生改变后，这些才缓慢发生改变，所需时间尺度较大，在短时期不易发生改变，也不轻易发生改变；（3）影响性别比的因素很多，如果在此进行定量分析，把所有影响因素都考虑进去或者把其他因素逐一定量分离出来，定量将无从下手，或者不可能，定量建模就像绘制地图一样，只给出一个大概，所以在此仅考虑影响性别比的综合和主要因素，即经济水平；（4）自然因素（地理、种族及生理等），如自然环境引致的生活地域和生活习惯不同，种族肤色引致的激素等遗传特征不同及生理等这些变量，很多情况下，虽在弱化，但还无法控制，在几千万年的自然进化中，经过若干次的遗传和变异，形成较为稳定的遗传特征和区域地理群落；（5）偶然的和特殊的因素，如某地方水质中镉的含量超标引致生育女孩比例较大；某地方发生战争引致此区域男性减少，这些特异的和偶然突发的因素不在本文的分析框架中，因为本文仅分析影响因素中，相对普遍的和一般的。

其次，人口领域，特别是性别比与经济水平中涉及定性和定量的关系问题，依然存在诸多疑问。这些疑问包括，女性比例和经济发展速度存在关系吗？是正向的，还是负向？是线性的，还是非线性的？经济发展水平高的区域，户籍女性比例一定高吗？经济落后的地区，户籍男性比例一定较高吗？其间是存在线性关系，还是非线性的U型关系，抑或其他关系？是北方的户籍女性比例大，还是南方户籍女性比例大？一个省份城镇发展水平越高，来此地务工的女性比例一定是较大吗？是严格意义上的线性关系吗？如果不是，那在什么条件下会呈现线性关系？是南方的务工女性比例大，还是北方的务工女性比例大？这些都是人口领域中很有意思的领域，又是能挑动起统计学家神经的领域（肖根如，2007），下面将试探式地回答这些问题。

一、人口中的女性比例与经济发展速度

第六次人口普查显示：2010年间中国女性与男性的差额约3 400万人，这一绝对差额，给人以惊愕，因男女比例的失衡将会引致诸多的社会问题。但这仅仅是绝对量。为对相对量男女比例进行考核，在此先定义男女比例

$$Ratio = N(male)/N(femal)$$

上述比例值越大，代表女性比例越小；比值等于1，说明男性人数和女性人数

刚好相等；当然女性人数等于男性人数并非不会引致社会问题，源于男女年龄结构未必匹配合理。相对历史上男女比例，如今男女比例失衡问题并非像想象的那么严重。1953 年第一次人口普查间，男女比例值约为 1.075。在 1949 年以后两年内，比例值基本维持在 1.08。1.08 这个值是高，还是低，不去比较，将无法判别。可这样说，在以后 60 年间，中国总人口男女比例再也没有超过这个比例值。① 如今男女比例是 1.052，这个值和 1964 年第二次人口普查时的比例值 1.054 差不多，但低于 1982 年的第三次、1990 年的第四次及 2000 年的第五次人口普查，这些基本在 1.065 附近。

可以这样说，相对历史上数据，就如今总人口中的男女比例，并非偏高，虽然存在些人口结构的问题，可以说，是正常的，这种观点估计很多人不会接受，但是数据就是这样，源于很多学者或媒体仅仅关注短期的绝对量，而忽视对长期的相对量的考察。现为更细致观察近 60 年间中国男女比例的变化趋势，进而寻找到某些规律性的东西。从《2011 年中国人口统计年鉴》上获得每年男女人数加以计算，然后用 sigmaplot 绘出历年男女人口比例的轨迹（见图 1）。

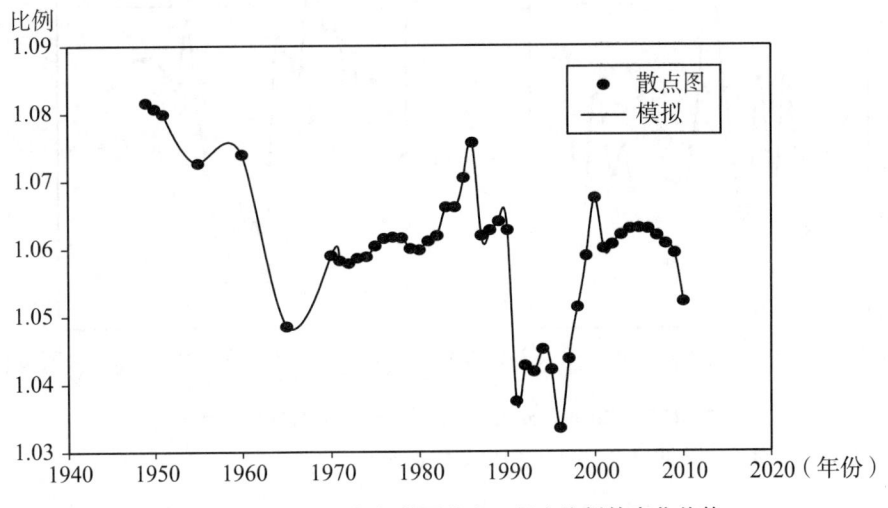

图 1　1950～2010 年间中国总人口男女比例的变化趋势

资料来源：《2011 年中国人口统计年鉴》。

图 1 显示：总人口的男女比例呈现波动趋势，但在波动中有走低趋势，这基本符合国际趋势（刘爽，2009）。在 1949～1960 年间，总人口的男女比例基本上在 1.07 以上，在 1964 年左右存在女性比例值较高的波谷（上述值越大，意味着女性人数在总人数中的比例越高）。1970～1980 年间比值基本上在 1.06 附近，1980～

---

① 不排除某些地区的男女比例超过这个值，也不排除某个年龄阶段上的男女比例超过这个值，在这里仅仅针对全国的整体而言，不考虑局域，也暂不考虑更微观的年龄结构。

1990 年间存在一个男性比例偏高的波峰。在 2000~2010 年间的前 5 年，女性比例逐渐下降；期间后 5 年，女性比例又开始上升。更为显然的是，在 1990~2000 年间，女性人数在总人数中的比值达到一个新高，这是新中国成立以来，女性比例最高的 10 年。这让人想到中国 GDP 增速最快的几年也基本上在 1990~2000 年间，接着问，那 GDP 的一阶数据增速与女性比例存在关系吗？

从图 2 可清晰看出：在 GDP 增速上，1980 年是 1979~1984 年内增速最高的，在女性比例上，1980 年是 1979~1984 年内最高；再看 1986 年是 1984~1988 年间 GDP 增速最低的，1986 年是总人口中女性比例最低的一年；最为明显的是 1990~2000 年间，女性比例出奇低，而这 10 年 GDP 增速出奇地高。以后 2001 年、2005 年及 2010 年，都呈现女性比例与经济增速的正向关系，即男性比例与经济增速的负向关系。

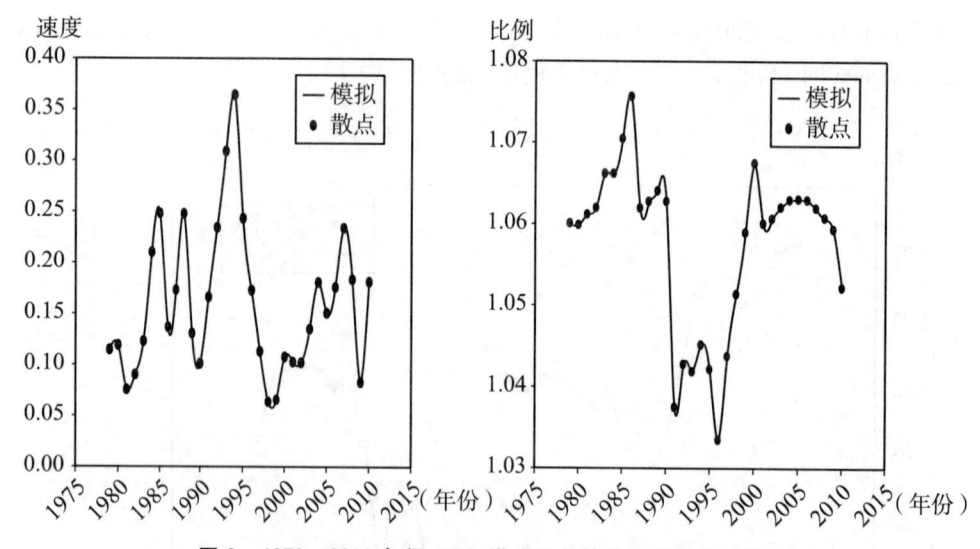

图 2　1979~2010 年间 GDP 增速和女性比例趋势的对比图

数据说明：对 1978~2011 年间历年 GDP 数据整理得。

为验证上述猜想："每一年 GDP 增速是否与女性比例存在正向关系，也即 GDP 增速是否与上述比例值 Ratio 呈现负相关"。把每一年 GDP 增速和每一年的 Ratio 值对应起来，生成一数据组序列，用 sigmaplot 绘出散点图，采用 Regress 的分析方法，发现每一年 GDP 增速和 Ratio 值基本上呈现负相关，也是女性比例和经济增速呈现正向关系（见图 3），换句话说，GDP 增速越高的年份，女性比例也就越高，GDP 增速越低的年份，女性比例也就越低。

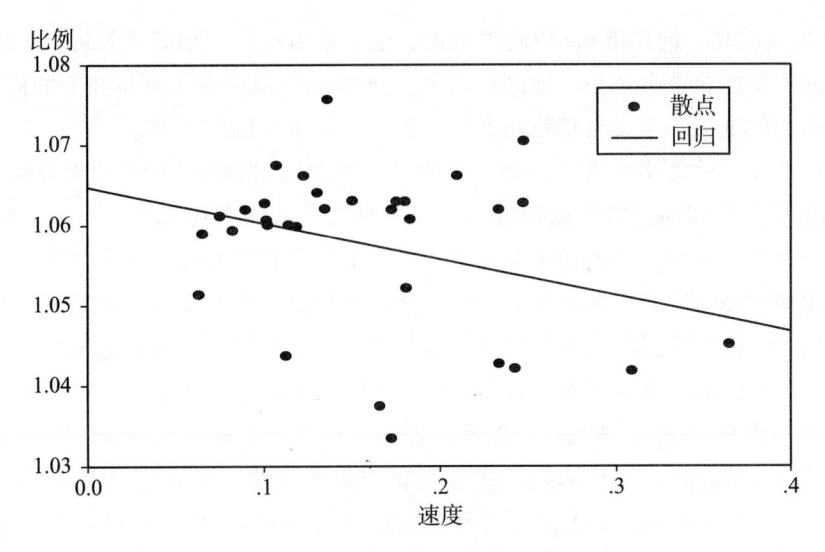

图 3　GDP 增速和女性比例的关联图

$$Ratio \approx 1.065 - 0.045 \times Speed$$

从上式可看出，GDP 增速每增加 1 个单位，则女性比例约增加 0.045 个单位。当然并不是说女性比例高，GDP 增速就较高，而是相反，GDP 增速较高，女性比例就较高。即经济过热时，大家要女孩的比例高一点，经济过冷时，大家更倾向要男孩，以养老等社会保障为例。经济前景好，预期养老的社会保障和自身保障就多一点，经济前景不好，原因相反。所以女性比例的高低某种程度上可成为测度一个区域经济发展前景优劣的重要指标。[①]

二、户籍人口的女性比例与户籍地的经济水平

(一) 户籍人口女性比例和户籍地人均 GDP

那么现在问，女性比例仅仅是作为测度一个区域经济发展前景的指标吗？女性比例还与经济发展水平有关，即与一区域目前的发展水平有关吗？为回答上述问题。通过 ArcGIS 把如今各省份人均 GDP 和户籍人口男女比例 Ratio 值在地理空间上相应的地理位置上标识出来（陈斐，2007；贾云竹，2012）。以每省人均 GDP 为例，地图上省份板块越高，代表省份人均 GDP 也就越高；或者说成颜色越深，人

---

① 当然其中的原因很多，下文将阐述经济水平和女性比例之间的关系，就是经济落后区域与经济发达区域在女性比例上的差别，主要从户籍男女人口和外来务工人员的男女比例谈起。

均 GDP 也就越高；同样 Ratio 值越大省份，也就是男性比例偏高的省份，相应地理板块上的省份区块也会越高，即颜色越重。当然人均 GDP 在地理空间上的信息①不是本文论述的重点，本文重点论述女性比例与经济水平间的关系。

东部沿海（除海南之外）一般户籍人口的女性比例偏高，即在地理空间上 Ratio 值偏低，广东和福建男性比例偏高，但相对邻居省份和中部广大区域，还是应归结为第一类，属于女性比例中偏高的省份。上海是户籍女性比例超过男性的，其次女性比例较高的有北京和天津。还有一点需要指出，东北作为一个整体，女性比例是很高的，仅次于天津，是气候地理还是社会文化以及其他原因造成的，值得思考。中部广大区域（除山西相对较低外），男性比例偏高；西部的"宁夏回族自治区"、"内蒙古自治区"，青海、"西藏自治区"及"新疆维吾尔自治区"的女性比例相对其他西部区域，远远偏高，这可能源于宗教信仰（如伊斯兰教或佛教的生儿育女观）、地理海拔以及饮食结构等（敏贤良，2005），很有意思的是，这些区域外来务工的女性比例很低，②相反广东男性比例相对偏高，但外来务工女性比例确实全国最高，具体原因在下文将具体陈述。西部的西北区域户籍女性比例较高，西部的西南户籍男性比例较高，更确切地说："中部和西南区域的户籍男性比例较高，而西北、东北及广大沿海的东南区域户籍女性比例相对较高"。粗略地讲，在户籍女性比例上，形成中部较低，西部和东部高，东部又比西部高的峡谷地势。

现在问，户籍地人均 GDP 和当地户籍人口的女性比例存在关系吗？是正向的，还是负向的？通过上述分析，好像两者都有，那哪个占主导，还是在不同的区段上显现为不同的关联性呢？沿海地区的人均收入水平较高，此区域的女性比例也较高；人均收入水平较低的西部区域，如青海、西藏、新疆、云南、四川及甘肃等地，户籍女性比例也相对较高；同样人均收入水平低的区域，也会呈现两种特性，即有西藏这样女性比例较高的，也有贵州这样男性比例较高的。现在问，在统计上，到底户籍女性比例与户籍地经济水平呈现关系吗？

根据人均收入水平划分，各省份可分为四个模块，③大于 70 000 元的有上海、北京及天津；大于 30 000 元小于 60 000 元的有江苏、浙江、内蒙古、广东、辽宁、山东、福建及吉林；小于 20 000 元的有西藏、甘肃、云南及贵州；其余为大于 20 000 元且小于 30 000 元的省份，并且大多数省份集中在这个板块。从上图中可清晰看出人均 GDP 的模块结构。

从图 4 可看出，人均 GDP 与男女比例值呈现喇叭状的关系，且这一喇叭向下

---

① 如经济地理空间上广泛存在"经济谷底"和"经济高地"等现象，如"安江谷底"（即安徽和江西的人均 GDP 作为一个板块比其周围的人均 GDP 都低）。

② 就是中西部区域户籍女性高的区域，如山西、青海、西藏、新疆、内蒙古以及宁夏等，反而在这些区域务工的女性比例偏低。

③ 现实中有太多的模块化结构，就是事物是成对、成双地出现，甚至是成群地出现，而非形单影只地出现。

倾斜，即随着人均收入水平提高，喇叭口变得越来越小，也就是"随着人均收入水平提高，人均收入与户籍的女性比例越来越呈现正向关系"，也即在越高的人均收入区段上，户籍人口的女性比例也就越高。从上图中还可发现一个容易被忽视的性状：驻点，就是在人均收入水平较低时，女性比例也是偏高的，在次低区域，约在 20 000 元附近，户籍男性比例值达到最大（户籍女性值达到最小值），大于 20 000 元后，户籍女性比例值又开始增大，过了 30 000 元后，人均收入水平和户籍女性比例值基本呈现强正向关系。总之，人均收入水平和 Ratio 值呈现一倒 U 型关系，且这个倒 U 型的右边尾巴较长，下降较为平缓；左边上升区段，上升幅度较快，坡幅较陡。

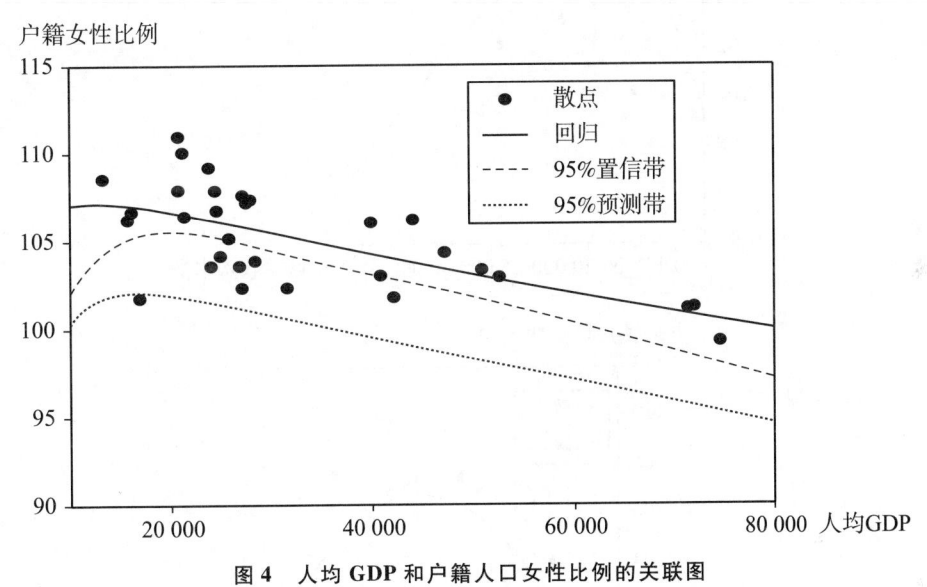

图 4 人均 GDP 和户籍人口女性比例的关联图

注：在此的 Ratio 值是以 100 个女性为单位计算的，小于 100 说明女性人数大于男性人数。

资料来源：《2011 年中国统计年鉴》和《2011 年中国人口统计年鉴》，也即第六次人口普查数据。由于中国香港、澳门及台湾特殊的历史和政治原因，造成在数据收集等方面的诸多困难，故在本文分析中仅考虑大陆省份和直辖市。

（二）户籍地城镇女性比例与户籍地城镇收入水平

如果上述户籍人口女性比例和经济发展水平间的关系还不足窥探到女性比例和经济发展水平之间的关系，那在此选择同一层级上，更微观的，城镇户籍人口中的女性比例和城镇收入水平两组数据加以考核。看上述左偏的倒 U 型关系是否依然存在，在此还以 100 个女性值为单位，计算 Ratio 值，然后有城镇户籍女性比例和与其相对应的城镇收入水平生成数据组，用 sigmaplot 打出散点图，则有图 5 左。为更形象看出其间倒 U 型关系，图 5 右的横坐标选用城镇人均收入水平的序，序越高，排得越靠前，如上海城镇人均收入水平最高，所以排名第 1，其次是北京，排名第2，依次类推。如果图5右呈现右偏的倒U型，就是不按照序排名下左偏的倒U型，因为图5右横轴坐标从左到右，城镇人均收入水平不断降低，而图5左从左到右城镇收入水平不断增加，刚好相反，源于图5右是取序获得的。

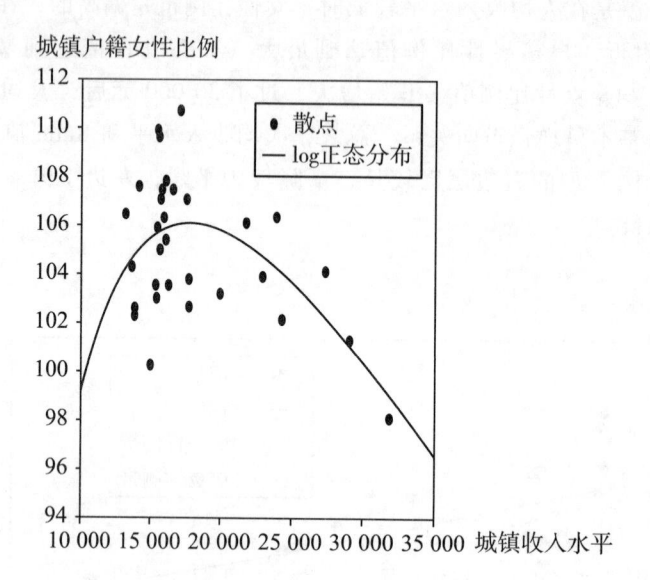

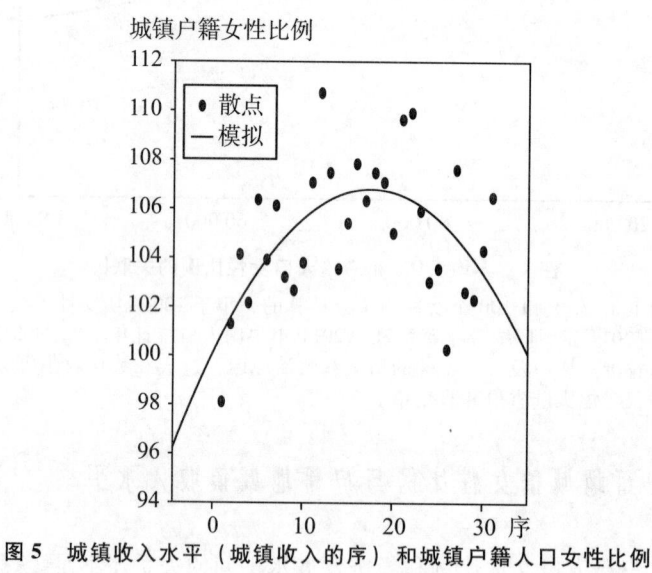

图5　城镇收入水平（城镇收入的序）和城镇户籍人口女性比例

资料来源：同图4。

从图5可清晰看出，城镇收入水平和Ratio值呈现左偏的倒U型关系，也即城镇户籍女性比例和城镇收入水平呈现左偏的倒U型。城镇人均收入水平约等于17 000元时，随城镇人均收入提高，城镇户籍女性比例逐渐下降，此时技术变迁先于观念变迁，传统生育观念没有改变，技术为人们的生育观念服务，并且加以选择生育的性别；当城镇人均收入水平大于此阈值后，城镇人均收入持续提高，社会保障机制健全，人们更追求自我的实现及教育的获得，传统的生育观念开始解体，女性比例开始上升。其中上述"左偏"的倒 U 型形状，表明处在阈值左边的区段，随着人均收入提高，女性比例下降幅度较大，即户籍女性比例对收入提高的弹性 E 较大；处在阈值右边的区段，随人均收入提高，女性比例虽在提高，但提高的幅度较小，即女性比例对城镇收入水平的弹性 E 较小。因为上述关系为左偏的倒 U 型，为给出"城镇人均收入水平与城镇户籍女性比例（或 Ratio 值）具体关系"，选用存在峰部且峰部左偏的，有 4 个参数的 Log Normal 分布进行非线性拟合，而 Log Normal 分布的基本形式为

$$\text{Ratio}(c) = \text{Ratio}_0(c) + a \times \exp(-0.5 \times (\ln((CW/CW_0)/b)^2))$$

采用 sigmaplot 操作，分别估计出各类参数。上述非线的 Log Normal 估计的基本拟合优度为 $R = 0.5508$，其中 Standard Error of Estimate 为 2.5264，则城镇收入水平与城镇户籍 Ratio 值间的关系为

$$\text{Ratio}(c) = -8440.676 + 8546.773 \times \exp(-0.5 \times (\ln((CW/17774.68)/14.335)^2))$$

为检验上述拟合效果，即推测的理论机制是否符合现实的翻版数据，则客观上要求对上述统计工作做各种统计量的统计检验，是必须的。在此选择几个诸如 D-W 的统计量，对上述操作过程进行检验，检验结果基本上通过，具体如表 1 所示。

表 1　　　　　　　　　　统计检验

D-W 检验	正态检验	K-S 统计量	显著性水平	同方差检验
1.6169	P = 0.8185	0.1108	0.8185	P = 0.2515
通过	通过	*	*	通过

同样也顺便对图 5 右进行非线性统计分析，图 5 右特殊的地方是：横轴代表城镇人均收入水平的序，如第一名是上海，第二名是北京，所以从左到右，城镇收入水平是逐渐降低的。图 5 左横轴代表城镇收入水平，从左到右，收入水平逐渐增高，故与图 5 右刚好相反，所以如果图 5 左是左偏的倒 U 型，那图 5 右就是右偏的倒 U 型，但基本机制是相同的。国际上普遍认为："取序后在做相关分析，序关系呈现幂率形式"。[①] 选用幂函数进行非线性回归中的动态拟合，又因散点图展示序关系呈现倒 U 型，所以选择 Quadratic 的形式。

$$\text{Ratio}(c) = \text{Ratio}_0(c) + a \times \text{Rank} + b \times \text{Rank}^2$$

估计出上述公式中的 3 个参数，同时顺便仿照上述进行各种统计量的检验（见表 2）。基本上拟合优度 $R = 0.5892$，而 Standard Error of Estimate = 2.4016，基

---

① 幂率关系是金融物理中的一大贡献，因为传统的正态分布低估了现实中极端事件发生的概率，也即在现实中正态分布的尾部是比较胖的。

本幂函数关系为

$$\text{Ratio}(c) = 100.1313 + 0.764 \times \text{Rank} - 0.0219 \times \text{Rank}^2$$

表2 统计检验

D-W 检验	正态检验	K-S 统计量	显著性水平	同方差检验
1.6642	P=0.8388	0.1084	0.8388	P=0.5026
通过	通过	*	*	通过

三、务工人口的女性比例与务工地的经济水平

(一) 务工地的城镇收入水平和务工人员的女性比例

那现在问，一个务工地的务工女性比例（或者说成表征为男性比例的 Ratio）[①]与务工地的经济水平（更确切地说，是城镇收入水平，因为一般务工人员在城镇务工）有何关系。是不是，务工地的城镇收入水平越高，则务工地对女性务工人员就越有吸引力，即"务工地的女性务工人员的比例越大，女性务工人员的数量也越大"，前者是务工女性比例与务工地城镇收入的关系，后者是务工地务工女性密度和务工地城镇收入水平间的关系，下面将围绕这两方面展开。如果是，务工地的城镇收入水平与女性务工人员的比例是呈现线性关系，还是非线性关系，前者女性务工人员比例对城镇收入水平的弹性是不变，后者却呈现一定的不同性，"不变"仅是局域的性质。在此仅仅是猜想，需要进一步的数据加以验证。

为寻找务工地城镇收入水平与务工地的务工 Ratio 值间的统计关系，先把各省务工人员的 Ratio 值计算出来。Ratio 值越大，说明务工地的务工人员的男性比例偏高，Ratio 值越小，说明务工地的务工人员的男性比例越小，即务工地的务工女性比例人员较高。为反映各地务工人员的男女比例，采用 ArcGIS 软件进行操作，把各省务工人员男性人数除以女性人数生成 Ratio 值，分别在相应地理空间上标示。

地理空间上一个省份的板块越高或者颜色越深，说明在这个省份务工人员的男性比例就较高，换句话说，女性比例较低。在山西务工的女性比例是最低，男性务工人数是女性务工人数的3倍以上，可能源于山西务工的大多从事煤炭事业，故女性比例较低。在广东务工的女性比例是较高的，男性人数和女性人数基本持平，Ratio≈1.15，其次是浙江、上海、北京、福建等地，Ratio 值基本上小于1.5。更

---

① 此处的 Ratio 值，一般是指务工的"务工男性人数"除以"务工地的务工女性人数"。此值越大，说明务工地的男性比例越大，反之，则相反。

为显然的是，分界线为西藏—青海—甘肃—陕西—山西—河北—辽宁，包括这些省份以及其北面的省份，[①] 务工男性比例一般较高，基本上，Ratio 值大于 2.0，即务工男性人数是女性人数的 2 倍以上。这条分界线以下，相对前者，务工人员女性比例一般较高，如 Ratio 值大多低于 2.0，但其中安徽和贵州较为特殊，贵州和安徽的 Ratio 值分别为 2.18 和 2.07，与相毗邻省份相比，这些省份务工的女性比例低于周边的所有省份，形成一个高地（北京和广东等省份在地理空间上是一谷地，地理空间上为什么形成广泛的谷地和高地，不是论述重点）。整体上说，去北方务工的女性比例较低，西北又比东北偏低，在北方，形成一个务工女性比例东高西低的地势特征；去南方务工的女性比例相对较高，东南沿海的比西南部高，西南部又比中南部高，在南方，务工女性比例形成一个中南部低，两边高的峡谷地势特征。

上述分析了 Ratio 值在空间上的分布以及形成的地形地貌，下面将回答务工地的城镇人均收入水平与务工人员女性比例（Ratio）呈现何种统计关系。收集各省城镇的人均收入水平，生成坐标的横轴；收集各省外来务工人员的男女数量，计算出 Ratio 值，作为相应的纵轴，打出散点图（见图 6）。当然为更形象描述外来务工人员的 Ratio 值与城镇人均收入水平的关系，先对城镇人均收入进行排序，如第 1 名为上海，第 2 名为北京，计算出对应的 Ratio 值的序，如上海 Ratio 值的序为 3（Ratio 的序是按照务工女性比例从高到低排列，因上海女性比例较高，所以序较靠前），同样用 simaplot 绘出散点图。

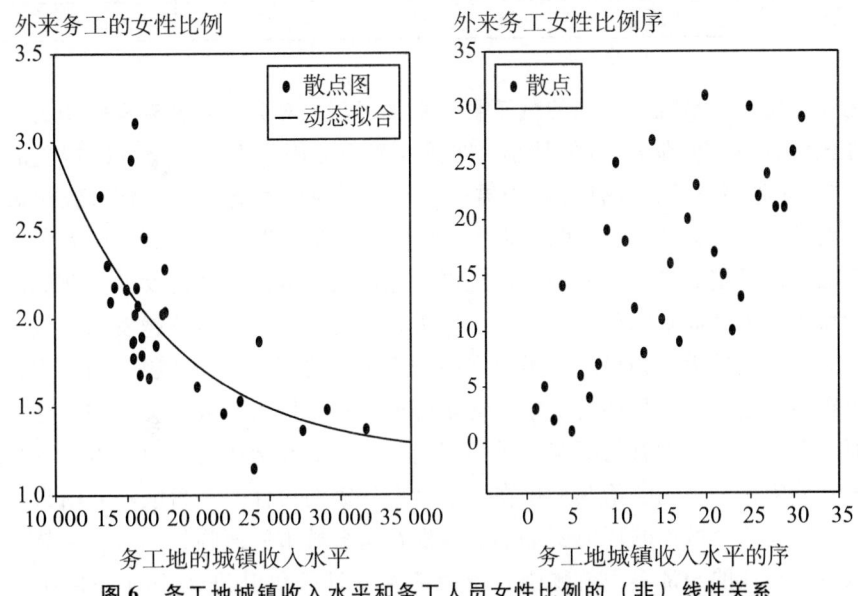

图 6　务工地城镇收入水平和务工人员女性比例的（非）线性关系

资料来源：同图 4。

---

① 除北京、天津、吉林这些奇异点之外，北京和天津源于特殊的政治地位和经济水平，吉林 2010 年的人均 GDP 在全国排名第 11 位。

从图 6 可看出，城镇人均收入水平越高区域，Ratio 值就越小，即在此地务工的女性比例就越高，即城镇人均收入水平靠前的，则相应女性比例序也靠前，城镇人均收入水平的序和务工女性比例的序基本上呈现正向线性关系，其中城镇人均收入水平与 Ratio 值虽呈现正向关系，但每一个阶段上的斜率并非相同：如城镇人均收入较低情况，随城镇人均收入提高，Ratio 值减少的速度较高，即 Ratio 值对城镇人均收入水平 CW 值变化敏感（务工女性比例增加的速度较快，或对城镇人均收入水平提高的增加弹性较大），当 CW 值超过 20 000 后，随 CW 提高，Ratio 值减少幅度就较小。综上，对散点图分析，Ratio 与 CW 呈现指数型的衰减关系，即随着 CW 提高，Ratio 减少的速度先快后慢，即务工女性比例值增加的速度先快后慢。现采用含有 3 个常数的 Exponential Decay 函数进行非线性动态回归分析，基本形式为

$$\text{Ratio}(1) = \text{Ratio}_0(1) + \alpha \times \exp(-\beta \times CW)$$

依次估计出上面方程中的 3 个参数，并且估计的拟合优度 $R = 0.6821$，标准估计误差 Standard Error of Estimate $= 0.3331$。同样为检验上述程序和推测的有效性，进行有关各统计量的检验，具体结果如表 3 所示。

$$\text{Ratio}(1) = 1.2102 + 6.1033 \times \exp(-0.0001 \times CW)$$

表 3   统计检验

D－W 检验	正态检验	K－S 统计量	显著性水平	同方差检验
2.0428	P = 0.3616	0.1617	0.3616	P = 0.5896
通过	通过	*	*	通过

为什么统计上呈现务工地的城镇收入水平越高，对务工女性越有吸引力，即务工女性比例较高，也即 Ratio 值越小。当然这里面原因很多，一个可以接受的原因解释："务工地越发达，女性相对于男性，所面临的压力就越小，故引致相对男性比例，女性比例就偏高"，这里面蕴涵一个设定，就是务工多以中青年人为主，当然这个蕴涵的设定是符合现实的。即经济发达区域，务工人员的女性比例偏高，源于在大城市一男性面临的压力相对女生压力要大得多，并且经济越发达区域，男性压力相对女性就越大。如果一个男性在一城市不能找到一个合适稳定的工作，并且能够给提供在这个城市长期的安家，通常会退出这个城市，或不会长期待在这个城市。而女性在大城市没有为买房、进而营造一个家的经济压力，通俗点，即只需找到一个安稳家，一个能够给其提供在这个城市安家的男性，一份能够养活自己的工作就行，故在这个城市的压力要远小于男性在这个城市所面临的压力。当然经济越发达区域，男性的经济实力就越强，越能够给女性提供其进化中对"物质引致的安全"的需要，所以女性会涌进最能够提供这种物质安全的地方，即物质越富饶地方，女性就越需求这些地方，引致女性在这些地方供给是多的。还有一个可接受的经济学解释是：一般发达区域，表征为服务业的第三产业较为发达，而服务业对性别偏好，没有一、二产业明显；一、二产业对男性较为青睐，特别是第二产业；

如表征为农业的体力劳动,表征为第二产业的建筑业和采掘业,男性在这些行业明显具有优势;所以一个省份若以一、二产业为主导,这些省份务工女性比例就会偏低,如山西,非第三产业的重工业和采掘业较多,所以山西务工女性比例较少;广东和浙江第三产业的服务业较发达,故这些省份务工女性比例相对较高。总之,男性经济基础越雄厚地区,男性经济竞争就越激励,男性供给就会相对降低,务工的女性比例就越高;经济越发达区域或第三产业较发达的区域,吸引务工女性人员的比例和数量就越多。

(二) 务工地的城镇收入水平和务工人员女性的密度

上述仅仅陈述务工地城镇收入水平 CW 与务工女性比例间的关系。现在又问,是不是务工地的城镇收入水平越高,务工的女性数量也越大。又因各省份的面积不同,所以不能仅看城镇收入水平与相应省份总务工女性数量间的关系,更应看城镇收入水平和相应省份务工女性密度间的关系。务工地的务工女性密度定义为"省份的总务工女性数量除以省份面积",单位"人/每平方公里",即

$$\rho_i(\text{female}) = N_i(\text{female})/S_i$$

为寻找城镇收入水平与务工女性密度间的关系,进而证明或证伪"务工地城镇收入水平越高,引致务工地的务工女性密度较大;经济越发达区域,对务工女性的吸引力也越大"的命题。同样采用 ArcGIS 软件把各省务工女性密度 ρ 值在相应地理空间上标示。板块越高或者颜色越深的省份,省份务工女性密度就越大,相反越低省份,务工女性密度就越低,在此不考虑谷底和高地的毗邻性性质。同时把各省人均 GDP 用 ArcGIS 软件也绘出,以做比较。

为什么每省务工女性人员密度和此省城镇居民收入的地形图吻合,从北边辽宁到南边广东,女性务工人员密度很高,属于第一阶梯;第一阶梯向西,云南—四川—陕西—山西—河北分界线东边(包括这些省份)属于第二阶梯;分界线西边,属于第三阶梯。总之,务工女性密度,在地理空间上,初步形成东高西低的地势。比较明显省份有上海、北京及天津,务工女性密度排名前三,城镇居民收入也是前三;中部江西,城镇居民收入水平是个盆地,务工女性密度在中部也是个盆地;西部重庆,城镇居民收入是一高地,务工女性密度也是个高地;西藏、新疆、青海、甘肃及宁夏城镇人均收入普遍较低,相应务工女性人员密度也较低。问题是,在统计上务工城镇居民收入和务工地务工女性密度呈现何种关系?

采用统计方法,把每一省份城镇居民收入和相应的务工女性比例密度生成数据组,分别赋给二维坐标中的横轴和纵轴,用 sigmaplot 打出散点图。根据散点图形状,采用含有 3 个参数的 Exponential Growth 函数,进行非线性回归中的动态拟合,基本函数形式为

$$\rho = \rho_0 + \gamma \times \exp(\psi \times CW)$$

为发现更多内在机制,对城镇人均收入取序,如第 1 名为上海,上海务工女性密度为每平方公里上 234 人,把此序赋予横轴,把相应务工女性密度赋予序下的纵轴,同样用 sigmaplot 绘出散点图,进而观察更多性态,非线性回归的动态拟合结果见表 4。

表 4　　　　　　　　　　拟合结果

ρ_0	γ	ψ	标准估计误差	拟合优度
-7.507	0.4008	0.0002	8.2084	0.9865

从表 4 中可观察到,各相应的估计参数,进而写出 Exponential Growth 函数的具体形式;同时还可看出拟合优度 R 高达 0.9865,标准估计误差为 8.2084,具体函数形式为

$$\rho = -7.507 + 0.4008 \times \exp(0.0002 \times CW)$$

可以这样说,一个省份城镇人均水平越高,来此省务工的女性也就越多,即务工女性密度也就越大。但这种正向关系不是简单的线性关系,而是在不同区段上呈现不同弹性的强正向关系,即线性关系是局域的。如当省份城镇人均收入比较低时,随城镇人均收入水平提高,此省务工女性人数密度增加较为乏力,即变化不大;当城镇人均收入水平过阈值后,此省务工女性密度对城镇人均收入增加就较具有弹性,即呈现指数的增长。值得一提的是,城镇人均收入序下的务工女性密度的分布函数呈现角度约为 105 度的 L 型分布,L 型分布是自然和社会系统中的一个大类分布,这是一个有意思的分布,就是大多数系统性质是差不多,有极少数的个体远远超出大多数系统,即要么和大多数一样,要么远超过大多数。如上海务工女性密度,远远大于其他各省。总之,城镇居民收入水平越高省份,此省份女性务工人员密度就越大,说明务工地城镇居民收入水平是促使务工女性人员涌进的重要因素(见图 7)。

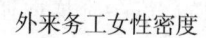

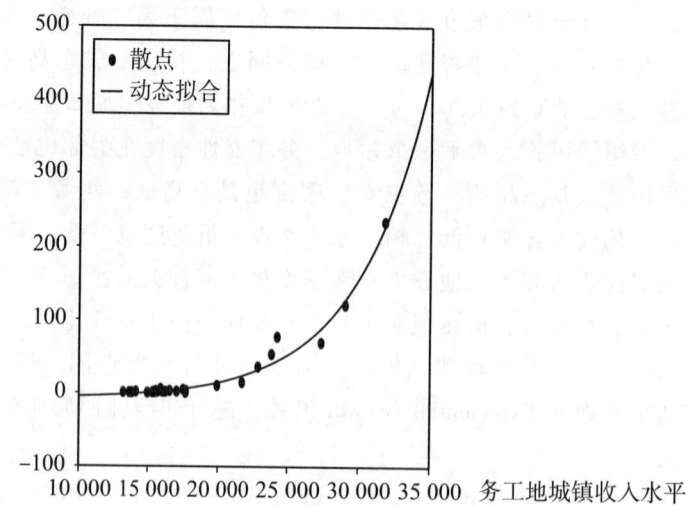

务工地外来务工女性密度

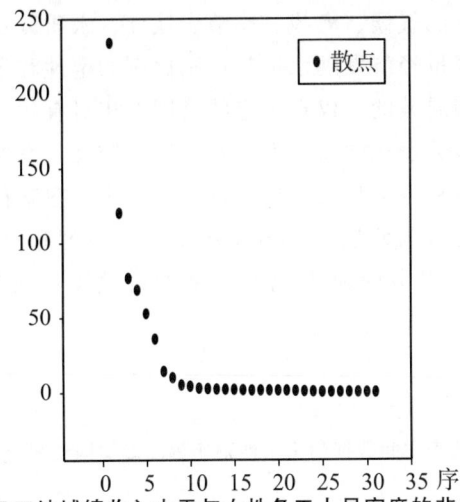

图7 务工地城镇收入水平与女性务工人员密度的非线性关系

资料来源：同图4。

四、结束语

通过采用新的技术方法，如ArcGIS等软件，进行关联和空间分析发现：（1）经济发展速度较高的年份，各省户籍女性的比例都相对较高，经济发展速度较低的年份，户籍女性比例也较低，且作一个推断："随着经济水平的提升，女性比例会越来越高，女性比例可能将成为衡量区域经济水平的重要指标"。（2）人均GDP和户籍女性比例呈现一左偏的倒U型，就是人均GDP高的区域，户籍女性比例较高，人均GDP低的区域，户籍女性比例也较高，而人均GDP持中的大多数省份，户籍女性比例偏低。在地理空间上，户籍女性比例呈现东北、西北及东南较高，中部和西南较低的性状。经济发达区域，养老保障较为健全，引致传统上生儿养老的观念逐渐解体。经济发达地区以第三产业为主导，经济落后区域第一产业还占较大比重，相比第二产业，在一、三产业从业方面，女性占有比较优势。一个区域的女性比例可以成为观察一个区域经济发展水平的指标之一。经济发展水平高的区域一般是女性比例偏高的区域，女性比例偏高的区域并不意味着此区域经济水平高，即经济发展水平高可能是一区域女性比例高的充分非必要条件。（3）务工地城镇收入越高，则在此务工的女性比例也就越高，呈现非线性的指数关系。经济发达区域更容易吸引外来务工的女性人员。当然男性数量高的区域，女性数量也越多。同时务工女性密度和务工地城镇发展水平的序呈现L型分布，而L型分布是自然和社会系统中的一大类普适性的分布。

本文还有诸多不足，如影响性别比的因素很多，如人口学中的年龄结构、家庭规模、父母怀孕年龄以及胎次等因素；生物中的基因遗传等；社会中的人口政策以及文化习俗等；地理上的气候、海拔、季节、饮食、水质以及种族等因素。而本文仅就相对综合的影响变量经济发展水平与性别比例的定性和定量关系进行分析，故分析的结果是相对的和局域的，仅在一定的尺度上相对有效。考察世界上的发展中国家和发达国家，大多数发达国家是不是女性比例较高，发展中国家是否是男性比例较高，特别落后区域是否也是女性比例较高。总之，在某种程度上，女性比例和户籍女性比例可以考虑成为测度一个省份经济发展速度和经济发展水平的指标之一，务工女性比例也可以考虑成为观察一个省份城镇经济发展水平的重要窗口之一。

参考文献

1. 胡耀岭、原新：《基于空间数据的出生性别比偏高影响因素研究》，载《人口学刊》2012年第5期。
2. 肖根如、帅菲：《GIS技术在区域经济分析中的应用》，载《地理空间信息》2007年第1期。
3. 刘爽：《出生人口性别比的变动趋势及其影响因素》，载《人口学刊》2009年第1期。
4. 陈斐、杜道生：《空间统计分析与GIS在区域经济分析中的应用》，载《武汉大学学报》（信息科学版）2007年第4期。
5. 贾云竹、谭琳：《我国人口老龄化过程中的女性化趋势研究》，载《人口与经济》2012年第3期。
6. 敏贤良：《从我国男女比例失调想到伊斯兰教的生儿育女观》，载《中国穆斯林》2005年第3期。

Analysis of the Relationship between the Proportion of Women and the Level of Economic Development: Based on Statistical Fitting and ArcGIS Perspective

Yang Hualei　Zhou Xiaobo

Abstract: With the instrumentof statistical and ArcGIS, the analysis explored: First, The proportion of women is positively related with the pace of economic development and the proportion of women has become an important indicator to measure the economic development prospects. Technically, The pace of economic development increased by 0.045 units with every 1 unit increase of the proportion of women and Today, the imbalance between men and women are not so serious as the media reports. Second, The level of economic development and household proportion of women presented a left side of inverted U-shaped relationship. Third, In the north geo-spatial, the proportion of women workers embodied a feature of high in the east area and low in the west area and In the south geo-spatial, the proportion of women workers embodied a feature of high in the central-south area and low in the west and east area. Fourth, the higher income of urban area, the more attractive for women workers, Statistically, the two presented a nonlinear exponential relationship. Thus, The proportion of women worker may become an important window to observe the level of regional urban development. we also found: The sequence of the urban development level and female workers density presents the L-shaped distribution and This distribution type is a large class of social and natural distribution.

Key words: *proportion of women   economic level   non-linear relationship   statistical fitting   ArcGIS*

就业与劳动力市场

技能偏向性技术进步理论研究进展

杨 飞[*]

摘 要：技能偏向性技术进步是发达国家技能溢价上升和劳动力市场极化的重要原因，得到学术界越来越多的关注。本文对技能偏向性技术进步理论的研究进展进行了介绍，包括技能偏向性技术进步的概念、历史上技术进步的技能偏向性、内生偏向性技术进步理论、技能偏向性技术进步在解释技能溢价和劳动力市场极化方面的研究进展。

关键词：技能偏向性技术进步 技能溢价 劳动力市场极化

一、引言

20世纪80年代以来，发达国家高技能劳动的就业和相对工资（技能溢价）上升。90年代以来，发达国家劳动力市场进一步出现了极化现象，即高技能劳动和低技能劳动的就业上升，中等技能劳动的相对就业下降。大量文献研究表明，技能偏向性技术进步是发达国家技能溢价和劳动力市场极化的主要原因（Acemoglu and Atour, 2010）。1998年以来，阿西莫各鲁（Acemoglu）等学者建立了技能偏向性技术进步理论来解释劳动力市场就业和工资的变化，并逐步考虑了国际贸易和国际外包背景下技能偏向性技术进步的内生机制及其对就业和工资的影响。

本文将对这一理论的研究进展进行述评，具体安排如下：第一，介绍技能偏向性技术进步的概念；第二，基于已有文献，考察第一次工业革命以来技术进步的技能偏向性；第三，介绍封闭经济条件下和开放经济条件下技能偏向性技术进步的原

---

[*] 杨飞，南京审计学院经济学院讲师，经济学博士；E-mail：boston_ian@126.com。

因或内生机制；第四，介绍技能偏向性技术进步在解释 20 世纪 80 年代以来技能溢价上升的研究成果；第五，介绍技能偏向性技术进步对劳动力市场极化的解释。最后为小结及未来的研究方向。

二、技能偏向性技术进步的概念

Acemoglu（2009）给出了要素增强型技术进步和要素偏向性技术进步的概念及这两个概念的区别，[①] 本节对此做一介绍。假设 CES 生产函数为：

$$Y = \left[\lambda(A_H H)^{\frac{\delta-1}{\delta}} + (1-\lambda)(A_L L)^{\frac{\delta-1}{\delta}} \right]^{\frac{\delta}{\delta-1}} \tag{1}$$

设 H 为高技能劳动，L 为低技能劳动，δ 为替代弹性。A_H 为高技能增强型技术进步，定义为 $\frac{\partial Y}{\partial A_H} = \frac{H}{A_H} \frac{\partial Y}{\partial H}$，[②] 这意味着随着高技能增强型技术的进步，高技能劳动边际产出上升，即 $\partial(\partial Y/\partial H)/\partial A_H > 0$。$A_L$ 为低技能增强型技术进步，经济学意义同高技能增强型技术进步类似。

根据（1），高技能增强型技术进步提高高技能劳动的边际产出的同时，也提高了低技能劳动的边际产出，即 $\partial(\partial Y/\partial L)/\partial A_H > 0$。那么，高技能增强型技术进步提高高技能劳动和低技能的边际产出孰大孰小取决于替代弹性。根据（1）式，我们得到如下数学表达式为：

$$\frac{\partial\left(\frac{MP_H}{MP_L}\right)}{\partial A_H} = \frac{\partial\left(\frac{\partial Y/\partial H}{\partial(\partial Y/\partial L)}\right)}{\partial A_H} \begin{cases} >0, & \text{当 } \delta > 1, A_H \text{ 为高技能偏向性技术进步} \\ =0, & \text{当 } \delta = 1, A_H \text{ 为中性技术进步} \\ <0, & \text{当 } \delta < 1, A_H \text{ 为低技能偏向性技术进步} \end{cases} \tag{2}$$

即当替代弹性大于 1 时，高技能增强型技术进步对高技能劳动的边际产出影响更大，从而对高技能劳动的需求更多，此时，高技能增强型技术进步称为高技能偏向性技术进步。相应地，替代弹性小于 1 时，高技能增强型技术进步会更多地提高低技能劳动的需求，因此称为低技能偏向性技术进步。当替代弹性为 1 时，CES 生产函数即是柯布－道格拉斯生产函数，高技能增强型技术进步不会偏向任何一种生产要素，该技术进步为中性技术进步，但该中性技术进步非希克斯中性技术进步。

[①] 判定技术进步是中性还是偏向性技术进步，取决于技术进步是否改变生产函数中要素间的比例关系。

[②] 见 Acemoglu 的《Directed Technological Change》讲义，http://economics.mit.edu/faculty-/acemoglu/courses。

三、技能偏向性技术进步的历史

(一) 第一次工业革命时期技术进步的偏向性

1. 技术进步的内容与特点。里夫金（2012）将历次工业革命的特点作了梳理，发现每次重大的经济革命都出现在新能源和新通信技术结合的时期。他认为能源和通信的结合是经济体系重要的基础设施。其中，能源是经济体系的血液，使自然资源转换为人们需要的商品和服务。而通信技术是经济体系的中枢神经系统，对经济活动进行监督和协调。第一次工业革命时期，蒸汽机开始大规模应用，18世纪共建造了2 500台蒸汽机，其中828台用于煤矿，209台用于铜矿和铅矿（莫基尔，2008）。这一时期主要的能源就是煤炭，煤炭为蒸汽机提供了相对廉价的燃料来源，而蒸汽机的大规模应用又促进了煤炭的开采。以蒸汽机为动力的印刷机大大降低了印刷成本，使得报纸、杂志和书籍成为主要的信息传播工具，也使得知识的扩散和人力资本积累更加容易（里夫金，2012）。

能源和通信技术的结合进一步促进了其他领域的技术进步。第一次工业革命时期，冶金技术、纺织技术、工程和机床技术、化工技术在"煤炭+蒸汽机"的推动下有了显著的进展，而且这些技术相互利用，推动了相应产业的快速发展（兰德斯，2007）。第一次工业革命时期的信息传播效率虽然没有今天那么高，但也促进了技术的扩散和模仿。

2. 技术进步的偏向性。关于第一次工业革命时期技术进步的偏向性，现有文献有两种观点：首先，Acemoglu（2002b）认为，英国当时有大量的农民和爱尔兰移民，一方面这些低技能工人的工资低，另一方面这些低技能工人的规模大，所以开发低技能偏向性的技术是有利可图的，事实上第一次工业革命时期发明的纺纱机等机械只需低技能劳动就可操作，所以第一次工业革命时期的技术进步是低技能偏向性的。

不过，Allen（2009）的研究却发现第一次工业革命时期的技术进步是劳动节约型的。① 该文发现，当时英国的工资和生活标准是全世界最高的，而且由于殖民地贸易，英国拥有廉价的煤炭。该文进一步认为高工资和廉价煤炭刺激了那些替代劳动并多用资本和煤炭的技术的发展，例如，蒸汽机为了提高劳动生产率而增加了对资本和煤炭的利用，纺织厂利用机器替代人工纺纱织布，锻铁厂利用煤炭替代木

---

① 该文并未区分高、低技能劳动，但由于当时英国的劳动供给大部分是低技能的，所以劳动节约型的技术也包含了低技能劳动。

炭锻铁等。该文认为是高工资促使第一次工业革命新技术的出现和大范围的应用，其思路实际上同下文将要介绍的诱致性技术进步一致：要素的稀缺或高价格诱发的技术进步。

（二）第二次工业革命时期技术进步的偏向性

1. 技术进步的内容与特点。第二次工业革命以电力、内燃机为标志。电力最早用于电信技术，对19世纪及以后产生了巨大的影响。内燃机使得汽车大量生产，成为经济生活中重要的交通工具。与此同时，作为内燃机燃料的石油作为新能源变得日益重要。不过作为电力和蒸汽机燃料的煤炭依然是经济中重要的能源来源。

2. 技术进步的偏向性。第二次工业革命对高技能劳动和低技能劳动的偏向性不明确。由于这一时期的数据不完整，本文以时间为序介绍研究这段时期技术进步偏向性的文献，以期得出总结性结论。Atack，Bateman 和 Margo（2004）研究表明，第二次工业革命早期，制造业劳动分工的细化和生产的标准化降低了对高技能劳动的需求，但是1850年以后，随着制造业资本化和机械设计复杂性的上升和电力的大规模应用，制造业对高技能劳动的需求开始上升。该文利用1850~1880年的数据实证研究表明，这一时期总的来说是低技能偏向性的，即减少了对高技能劳动的需求。Chin Juhnt 和 Thompson（2006）研究了1892~1912年蒸汽机船对技能劳动的需求，发现蒸汽机船提高了对工程师等高技能劳动的需求，但也降低了对水手等低技能劳动的需求。Gray（2013）利用美国1880~1940年的职业数据研究表明，随着制造业的电气化，制造业对高技能劳动的需求上升，对低技能的手工劳动的需求下降，也就是说电气化是高技能偏向的。Goldin 和 Katz（1998）的研究表明，1909~1929年间，随着电动机的大范围应用，技术—技能互补的趋势更加明显。从这些研究可以看出，第二次工业革命中，技术进步逐步由低技能偏向性技术进步向高技能偏向性技术进步过渡。①

（三）第三次工业革命时期技术进步的偏向性

1. 技术进步的内容与特点。第二次世界大战以后，信息技术逐渐取代电信技术成为最主要的信息传播和经济交往的工具。信息通信技术和化石能源成就了今天的繁荣，不过里夫金（2012）认为信息通信技术和化石能源的融合已经完成，其对经济的推动潜力将要走到尽头：一方面，化石能源作为不可再生能源，开采高峰已经过去，迟早有枯竭的那一天；另一方面，工业化造成了全球温室效应，而且根

---

① 从现今的角度看，制造业工人是中等技能劳动，但在第二次工业革命时期，制造业劳动工人是高技能的。

据科学家的预测，全球气温到21世纪末将至少上升3度，这意味着全球最高70%的物种可能会灭绝。

里夫金（2012）认为未来的"第三次工业革命"将是信息技术和可再生能源的结合，① 这种结合将会使今天集中层级式的经济模式向分散合作式的经济模式转变。

2. 技术进步的偏向性。第三次工业革命中的信息技术提高了对高技能劳动的需求，即高技能偏向性技术进步，这一点得到学者的普遍认同。Machin 和 Van Reenen（1998）利用 OECD 7 个国家 1973～1989 年数据研究表明，以计算机使用率衡量的高技能偏向性技术进步在这个 7 个国家普遍存在，且是高技能劳动需求上升的显著因素。Falk 和 Seim（2001）利用德国 1994～1996 年的面板数据研究表明，IT资本投资与产出比越高，高技能劳动的雇佣比越高。Falk（2001）利用德国 2000 年的跨行业数据研究表明，工人人均计算机拥有率、工人中互联网和软件用户使用比例（简称 ICT 渗透率）越高的企业，雇佣的高技能劳动越多；相反，ICT 渗透率与中等技能和低技能劳动显著负相关。Autor, Levy 和 Murname（2003）利用美国 1960～1998 年的数据研究表明，以计算机化率表示的技术进步降低了标准化操作的工作（即本文的中等技能劳动）需求，而提高了高技能劳动的工作需求，这表明这种技术进步是高技能偏向的。Acemoglu（2002b）在研究了已有文献资料的基础上，认为 20 世纪初以来，技术进步就表现出高技能偏向性。

四、内生技能偏向性技术进步理论

（一）劳动禀赋结构与（技能）偏向性技术进步

1. 诱致性技术进步。早期的偏向性技术进步理论主要是偏向性技术进步，但同本文研究的技能偏向性技术进步有较紧密的渊源，因此，本节对此做一介绍。最早研究技术进步偏向性的是希克斯（Hicks, 1932），他区分了经济增长的两个来源：要素投入的增加和技术进步，而技术进步可分为中性技术进步、劳动节约型技术进步和资本节约型技术进步，技术进步具体偏向劳动或资本取决于生产要素的相对价格，被称为诱致性偏向性技术进步。Rothbarth（1946）、Habakkuk（1962）和 Samuelson（1965）等沿着希克斯的思路进一步分析了价格效应导致的偏向性技术进步。哈巴谷假设（Habakkuk hypothesis）认为技术进步倾向于节约更加稀缺的要素，因为稀缺要素的相对价格更高，例如 19 世纪美国的技术进步快于英国，就是

---

① 里夫金（2012）认为之前的信息技术革命为第二次工业革命的成熟阶段。

因为美国的劳动更加稀缺，进而诱发了劳动节约型技术进步。如果生产产品需要用到劳动和资本，那么，劳动节约型技术进步节约了劳动，但会雇佣更多的资本，因而劳动节约型技术进步也可称为资本偏向性技术进步。

诱致性偏向性技术进步近年来也得到不断深入的研究。Allen（2009）研究了英国工业革命的原因，认为由于当时英国劳动力价格高昂，而能源价格较低，因而发明者发明机器来替代劳动，即诱发了劳动节约型技术进步，由于英国的市场规模较大，创新所获得的利润高于创新成本，这种劳动节约型技术进步获得了长足增长空间。但并不是在所有条件下要素稀缺或高价格都可以诱发偏向性技术进步，例如，Acemoglu（2010）通过数理模型形式化了价格诱导的偏向性技术进步的条件，如果技术进步导致劳动的边际产品下降，即技术进步是劳动节约的，那么劳动稀缺或劳动价格上涨将诱发技术进步，相反，如果技术进步是劳动互补的，劳动稀缺就会阻碍技术进步，但是这些条件是否成立，即劳动稀缺能否促进技术进步是一个经验问题。许多实证文献研究了诱致性偏向性技术进步，例如 Newell, Jaffe 和 Stavins（1999）分析表明，70 年代以后，能源价格上升诱发了节能技术的进步，进而提高了能源利用效率。环境政策方面的文献大都证明了诱致性偏向性技术进步的存在。Zwaan 等（2002）和 Aghion 等（2012）研究了环境政策如碳税对偏向性技术进步乃至经济增长的影响。

2. 偏向性技术进步理论的形式化发展。早期的诱致性偏向性技术进步理论只考虑了价格效应。但是价格上升或资源稀缺未必一定能诱发技术进步，反而可能因为成本高昂降低利润并阻碍技术进步（Acemoglu, 2010）。所以，仅用价格效应不足以完全解释偏向性技术进步。与价格效应对技术进步作用方向相反，Schmookler（1966）较早注意到市场规模（market size）对技术进步的影响，他认为市场规模是技术进步的关键，因为某一要素或产品的市场规模越大，基于该要素或产品进行创新的利润也越高，从而技术进步越快。Romer（1990），Aghion 和 Howitt（1992）等从产品多样化或质量改进的形式将技术进步内生化，并赋予技术进步丰富的微观基础，使得内生技术进步理论在此后的 20 年获得了长足的发展。上述文献所建模型的一个显著特点是"规模效应（scale effect）"的存在，即劳动力的增加不仅能提高人均收入水平和间接增长率，而且还能促进技术进步。① 这些理论的发展都为偏向性技术进步形式化的发展奠定了理论基础。

Acemoglu（1998, 2002a）和 Kiley（1999）将早期的偏向性技术进步理论和 1990 年代以来的内生技术进步理论结合，形式化了偏向性技术进步，并增加了微观基础，使得偏向性技术进步对经济现象的解释更加丰富有力。Acemoglu（1998,

---

① 这里的"规模效应"同偏向性技术进步的"市场规模效应"有所区别，规模效应是指劳动力规模对技术进步率和经济增长率的影响，而市场规模效应是指两个产品的相对市场规模对技术进步的影响，因此，可以认为规模效应是市场规模效应的强形式（Acemoglu, 2009）。不考虑规模效应的内生技术进步理论请参见 Jones（1995a, b, 1998）等。

2002a，2003，2010）的一系列文章构建了严谨的理论模型分析了偏向性技术进步，企业基于利润最大化原则进行技术研发，技术偏向哪一要素取决于相对利润率。Acemoglu 的这些研究表明，价格效应和市场规模效应是影响技术研发的主要因素，价格效应是指研发生产更加昂贵的产品的技术或利用更加高贵的生产要素的技术，价格越高，研发该技术的激励越大；而市场规模效应是指要素相对规模越大，它的市场规模也越大，研发利用该要素的技术的市场规模越大。所以，Acemoglu 偏向性技术进步理论的价格效应偏向于稀缺要素，市场规模效应偏向于丰裕要素，具体哪个效应更大取决于要素间的替代弹性。该理论的应用非常广泛，如劳动力市场、国际贸易、技术扩散、环境政策、国际收入差距、生产率差距等等。

目前关于偏向性技术进步原因的实证文献还比较少。原因在于，实证分析中，价格效应和市场规模效应不易区分，且要素在产业间流动使得市场规模效应得不到实证检验。就作者所阅读的文献来看，Hanlon（2011）是较早的一篇验证 Acemoglu 偏向性技术进步理论的实证文献，该文检验了市场规模效应对英国纺织技术偏向性的影响。该文研究表明，第一次工业革命时期，由于美国内战减少了其对英国的棉花供给，取而代之的是印度棉花大量出口到英国，因此，基于利用和提高印度棉花生产率的技术开始大量出现。这表明印度棉花的市场规模效应促进了英国棉纺织业的技术进步。[①] 该文能够进行实证分析，在于棉花用途的特殊性，可以有效地检验市场规模效应。

3. 技能偏向性技术进步的提出与发展。根据研究目的的不同，可以将偏向性技术进步理论应用于各种生产要素的技术偏向性。例如研究劳动和资本的报酬份额，我们可以假设产出是劳动和资本的函数，那么，在这个经济环境下，偏向性技术进步有两类：劳动偏向性技术进步（或资本节约型技术进步）和资本偏向性技术进步（或劳动节约型技术进步）。

随着 80 年代发达国家技能劳动和非技能劳动工资差距的扩大（即技能溢价上升），西方的学者开始用技能偏向性技术进步解释技能溢价的上升，如 Autor，Katz 和 Krueger（1998）和 Acemoglu（1998，2002a，2003）等。其中，Acemoglu（1998，2002a，2003）的研究中假设产出是高技能劳动和低技能劳动的函数，因此，模型中有两类偏向性技术进步：高技能偏向性技术进步和低技能偏向性进步。[②]

（二）国际贸易与技能偏向性技术进步

1. 南北贸易与技能偏向性技术进步。Acemoglu（2002a，2003），Gancia 和

---

① 由于各原产地棉花的质量不同，因而需要研发基于不同原产地棉花的技术。而且印度棉花的供给量庞大，相反美国、巴西和埃及棉花质量虽好，但其供给受到战争或供给量有限的限制（Hanlon，2011）。

② 有的文章中将劳动分为技能劳动和非技能劳动，因此，偏向性技术进步可分为技能偏向性技术进步和非技能偏向性技术进步。

Bonglioli（2008）将技能偏向性技术进步理论扩展到开放经济条件下，分析了南北贸易对技能偏向性技术进步的影响。他们的研究表明，在南北贸易过程中，技术进步的偏向性取决于发展中国家知识产权保护程度。如果发展中国家拥有良好的知识产权保护，低技能劳动的市场规模效应居于主导地位，这将会导致低技能偏向性技术进步；如果发展中国家不拥有良好的知识产权保护，市场规模效应不变，但高技能劳动的价格效应居于主导地位，这将导致高技能偏向性技术进步。Xu（2001）进一步考察了南北贸易对技能偏向性技术进步和部门偏向性技术进步的影响，研究表明贸易开放将会导致发达国家低密集型部门产生高技能偏向性技术进步，而非高技能密集型部门，这是因为如果技能偏向性技术进步发生在技能密集型部门，那么整个经济的资源都将会集中于技能密集型部门，即专业化经济。

目前分析发达国家间贸易与技能偏向性技术进步关系的文献较少，根据Acemoglu（2002a，2003）的理论，由于发达国家高技能劳动相对富裕，且产权保护比较完善，高技能劳动的市场规模效应占主导地位，所以贸易开放将促进发达国家高技能偏向性技术进步。这一理论是基于赫克歇尔—俄林理论，我们还可以根据产业内贸易理论和企业异质性贸易理论得到发达国家间贸易对技能偏向性技术进步的影响，见下一小节关于进口和出口对技能偏向性技术进步影响的文献综述。

Gancia 和 Bonglioli（2008）基于这一理论框架实证研究表明贸易开放降低了美国制造业的研发投入，由于制造业属于中低技能产业，如果贸易开放降低了制造业的研发投入，则说明贸易开放促进了高技能偏向性技术进步。该文虽然在分析部门偏向性技术进步，但由于发达国家的优势部门集中于高技能产业，所以进一步验证了 Acemoglu 的一系列分析。[①]

2. 进口与技能偏向性技术进步。前两个小节只研究国际贸易对技能偏向性技术进步的影响，本节和下节介绍单向的进口和出口对技能偏向性技术进步的影响。确切地说，已有文献较少直接研究进口或出口对技能偏向性技术进步的影响，而是作者根据 20 世纪以来技术—技能互补的经济事实，对已有关于进出口促进技术进步的文献所蕴涵的技能偏向性作一总结。在国际贸易中，进口和出口对技术进步方向的影响可能是不同的。Bloom，Draca 和 Van Reenen（2011）研究表明，发达国家在高技能产品的生产上拥有比较优势，而发展中国家在生产中低技能产品上拥有比较优势。因此，当发达国家进口发展中国家的中低技能密集型产品时，可能会对本国的中低技能产业形成威胁，从而促使资源进一步向高技能部门转移，并提高了高技能部门的相对技术水平。该文利用中国对欧盟出口数据实证研究表明，来自中国的进口竞争降低了欧盟中等技术企业的生存率并减少了就业机会，但来自进口的

---

① 目前比较劳动禀赋与国际贸易引起技能偏向性技术进步作用大小的文献较少，作者在一篇已被录用的文章中研究表明，劳动禀赋结构是技能偏向性技术进步的主要原因，国际贸易的影响较小。

竞争效应和资源配置效应提高了欧盟企业的存活企业的技术水平,而且这两种效应占欧盟企业技术升级的25%。

进口对技能偏向性技术进步产生影响的途径还包括:首先,来自发展中国家技术模仿的威胁,进口更多新中间品所带来的生产率的提升效应(Bloom, Draca, and Van Reenen, 2011);其次, Burstein, Cravino 与 Vogel (2013) 和 Parro (2013) 基于资本—技能互补假设,研究表明贸易开放会促使本国进口更多的资本品,所以,资本品的积累将会提高本国技能劳动的需求,因此,进口资本品将会促进本国的技能偏向性技术进步。

3. 出口与技能偏向性技术进步。Verhoogen (2008) 提出了一个分析发展中国家向发达国家出口产品,并提高出口国技术水平的理论:首先,出口国企业存在生产率的异质性,而且进入出口市场的成本是固定的,因此,只有那些最具生产力的企业才会选择出口。其次,出口企业生产的产品具有异质性,而消费者的收入水平越高,所需求的消费品质量也越高,因此,发展中国家的企业向发达国家出口产品的质量要高于国内产品的质量。最后,生产更高质量水平的产品要求更高技能水平的工人。基于这三个原因,出口刺激了出口国技能水平的升级。① 如果考虑发达国家出口市场竞争,那么可以设想,Verhoogen (2008) 的理论同样适用于发达国家向发达国家出口产品,并提高发达国家技能水平。

Matsuyama (2007) 提出了一个出口提升技能水平的机制—技能偏向性的全球化(Skill - Biased Globalization)。相对于国内市场,出口所需的要素投入所包含的技能水平更高,例如国际商务、语言技能、海洋运输保险、越洋运输和分销体系,这些都需要高技能人才来满足出口的需要。Brambilla, Lederman 和 Porto (2012) 进一步在 Verhoogen (2008) 和 Matsuyama (2007) 的基础上认为,如果发展中国家出口的目的地是发达国家,那么,发展中国家需要更多的技能劳动来满足出口。如果发达国家向发达国家出口产品,面对激烈的国际市场竞争,发达国家出口企业所需的技能劳动也会更多。

4. 外包与技能偏向性技术进步。Acemoglu, Gancia 和 Zilibotti (2012) 构建了一个外包影响技能偏向性技术进步的模型,研究表明,外包会导致技能产品的相对价格上升,引发价格效应。但也会引发市场规模效应,因为发展中国家的低技能劳动力更丰富。如果工作(task)之间的替代弹性大于高技能劳动和低技能劳动的替代弹性,当外包规模较小的时候,价格效应大于市场规模效应,因此会引发高技能偏向性技术进步。当外包达到一定规模后,外包会引发低技能偏向性技术进步。所以,外包首先会提高技能溢价,然后会降低技能溢价。

---

① 因此,该理论不适用于发达国家向发展中国家出口产品的情况。Bloom, Draca 和 Van Reenen (2011) 的经验研究也表明,欧盟向中国出口产品对欧盟企业技术升级的作用不显著。

五、技能偏向性技术进步对技能溢价的影响

（一）技能偏向性技术进步与技能溢价

80年代以来，发达国家普遍经历了技能溢价上升，技能偏向性技术进步被认为是技能溢价上升的主要因素（Autor, Katz and Krueger, 1998; Hornstein, Krusell and Violante, 2005）。Autor、Katz 和 Krueger (1998) 认为随着信息技术的大规模应用，提高了高技能劳动相对低技能的需求，从而导致技能溢价的上升。也就是说信息技术是高技能偏向性的，或者说，信息技术与高技能劳动是互补的。Acemoglu (1998, 2002a) 和 Kiley (1999) 将这一解释进行了形式化，我们可以通过（1）推导出来。

技能溢价为高技能劳动和低技能劳动的边际产出比，而80年代以来的信息技术进步为高技能增强型技术进步。技能溢价为：

$$\omega = \frac{MP_H}{MP_L} = \lambda \left(\frac{A_H}{A_L}\right)^{\frac{\delta-1}{\delta}} \left(\frac{H}{L}\right)^{\frac{1}{\delta}} \tag{3}$$

根据 Katz 和 Murphy (1992)，高技能劳动和低技能劳动是相互替代的，即替代弹性要大于1。所以，根据（3），信息技术的进步会提高技能溢价。具体而言，技能偏向性技术进步影响技能溢价的主要途径有以下两个方面：

1. 技能偏向性技术进步、企业组织和技能溢价。信息技术革命已经影响了企业组织形式和企业边界（Hornstein, Krusell and Violante, 2005）。Milgrom 和 Roberts (1990) 认为技术进步尤其是信息通信技术的进步降低了企业的决策成本，企业组织更加扁平化或去中心化。这使得企业的生产更加灵活，对市场需求的反应更加灵敏。而随着企业组织模式的灵活性的提高，对于高技能个人的需求也提高了，因而提高了技能溢价（Hornstein, Krusell and Violante, 2005）。

不过 Bloom, Garicano、Sadun 和 Reenen (2011) 发现信息技术和通信技术对企业组织的影响是不同的，信息技术促使企业决策下移（扁平化），而通信技术促使决策上移（集中化）。所以对企业组织变化的影响收入不平等的影响目前需要进一步研究。

另一方面，Acemoglu (2002b) 在已有研究文献的基础上分析了技能偏向性技术进步对高低技能劳动分离的影响，如果技能劳动和非技能劳动共同工作，非技能劳动会降低技能劳动的生产效率，技能偏向性技术进步会提高技能劳动的生产率，如果此时继续使用非技能劳动力，效率损失会更大，所以技能偏向性技术进步倾向于将技能劳动和非技能劳动分开使用，并降低了对非技能劳动的需求，从而技能溢

价提高。

2. 偏向性技术进步、劳动力市场制度和技能溢价。本小节主要介绍偏向性技术进步对工会的影响。Acemoglu，Aghion 和 Violante（2001）认为技能偏向性技术进步是美国和英国去工会化的主要原因。工会总是倾向于缩小工会成员之间的工资差距，所以工会必须给予工会中高技能工人足够的补偿，只有这样高技能工人才不会退出工会。技能偏向性技术进步进一步提高了高技能工人的生产率，这不仅增加了高技能工人的外部选择的机会，也增加了工会联盟的脆弱性。虽然去工会化不是收入不平等的主要原因，但是它放大了技能偏向性技术进步对收入不平等的影响。对于这个观点，Gordon（2001）并不认同，既然偏向性技术进步是收入不平等的主要原因，为什么欧洲大陆的收入不平等没有上升？同时他认为去工会化最明显的原因是政治思潮的变化。Dinlersoz 和 Greenwood（2012）构建了一个理论模型表明，高技能劳动力的异质性较强，成立工会成本较高，当偏向性技术进步提高技能个人的生产率后，加入工会的机会成本更高，去工会化程度上说。他们分别利用美国数据证实技能偏向性技术进步是美国去工会化的一个重要因素，因而也是收入不平等上升的重要因素。

（二）国际贸易、技能偏向性技术进步与技能溢价

Acemoglu（2002b）表明，相比技能偏向性技术进步，国际贸易对技能溢价的影响较小，但当考虑了国际贸易与技能偏向性技术进步的交互作用后，国际贸易对技能溢价的解释力大为提升。本节就国际贸易、国际贸易与技能偏向性技术进步相互作用对技能溢价的影响做一介绍。

1. 赫克歇尔—俄林理论。赫克歇尔—俄林理论是较早能够分析收入分配的国际贸易理论。赫克歇尔—俄林理论认为发达国家拥有丰富的高技能劳动，而发展中国家拥有丰富低技能劳动，国际贸易将会提高发达国家高技能密集型产品的需求和发展中国家低技能密集型产品的需求，从而发达国家高技能劳动的相对工资上升（即技能溢价上升）。但是该理论不能充分解释发达国家技能溢价的上升，Epifani 和 Gancia（2008）、Acemoglu（2002b）和 Burstein 与 Vogel（2012）等学者总结了如下五个赫克歇尔—俄林理论在解释技能溢价时存在的缺陷：第一，根据赫克歇尔—俄林理论，国际贸易将会降低发展中国家的技能溢价，但实际情况是，发展中国家也在同一时期经历了技能溢价的上升，所以赫克歇尔—俄林理论不能充分揭示发达国家技能溢价的上升；第二，从发达国家的对外贸易额来看，南北贸易额占总贸易额的比例很小，还不足以解释发达国家大范围的技能溢价上升；第三，赫克歇尔—俄林理论预测，国际贸易提高了发达国家高技能产品的需求和价格，但发达国家这段时期高技能产品的价格并没有上升；第四，赫克歇尔—俄林理论预测，国际贸易只会使发达国家高技能密集型产业的高技能劳动需求上升，但实际情况是，发达

国家所有产业的技能溢价都提高了；第五，要素再配置更多地发生在产业内而非产业间，但赫克歇尔—俄林理论表明要素配置发生在产业间。

为了弥补赫克歇尔—俄林理论在解释技能溢价上的缺陷，已有文献分别从新贸易理论、新新贸易理论和技能偏向性技术进步理论的角度解释了国际贸易对技能溢价上升的影响。我们可以将赫克歇尔—俄林理论、新贸易理论、新新贸易理论作为国际贸易影响技能溢价的直接渠道，将国际贸易通过技能偏向性技术进步影响技能溢价作为间接渠道。

2. 新贸易理论。Epifani 和 Gancia（2008）为了弥补赫克歇尔—俄林理论的缺陷，构建了一个新贸易理论模型来解释发达国家技能溢价上升的机制：贸易开放扩大了产品部门的市场规模，由于高技能密集型产品部门更具有规模经济效应，高技能密集型部门产出增加得更多，且规模效应使得高技能密集型产品相对低技能密集型产品的价格下降更多，但是由于 Epifani 和 Gancia（2008）假设高技能产品和低技能产品的替代弹性大于1，① 所以，高技能产品价格的下降提高了高技能产品的相对需求，从而提高了高技能劳动的相对工资（技能溢价）。② 该文采用 1960～1990 年 68 个国家的跨国面板数据证实了理论推导的结果。该产业内贸易理论即弥补了赫克歇尔—俄林理论的缺陷，也能解释发达国家高技能产品价格下降和所有产业部门技能溢价上升的现象。

3. 新新贸易理论。Harrigan 和 Reshef（2011）构建了一个异质性企业的贸易模型，假设企业的技术存在异质性，且技术含量越高的企业，其技能劳动水平也越高，根据新新贸易理论，技术水平越高的企业出口竞争力越大，而低技术企业则会面临更大的进口竞争压力，所以贸易开放或贸易成本下降将提升高技术企业的贸易额和高技能劳动的相对需求，从而提高了技能溢价。Harrigan 和 Reshef（2011）研究表明，由于该理论基于出口企业的生产率差异而非南北国家的劳动禀赋差异，所以能够同时解释发达国家和发展中国家技能溢价的同时上升。

Burstein 和 Vogel（2012）在赫克歇尔—俄林模型的基础上，考虑了企业生产率异质性和技术—技能互补性。该模型研究发现，国际贸易通过赫克歇尔—俄林机制使技能劳动向比较优势的部门配置（即高技术部门），通过企业生产率异质性使技能劳动向高技术企业配置，但是技能劳动在产业间配置规模较不考虑企业异质性时少，而在产业内配置规模更高。所以，该理论显示，对于发达国家而言，国际贸易通过两种机制均促进了技能溢价的上升；对于发展中国家，国际贸易通过赫克歇尔—俄林机制降低了发展中国家的技能溢价，通过企业异质性机制提高了技能溢价，但由于企业生产率异质性的经济效应更大，所以发展中国家的技能溢价也是上

---

① 本文在上文的文献综述中已说明高技能产品和低技能产品的替代弹性大于1是合理的。
② 与该理论相似的理论可参见结构变迁模型。在结构变迁模型中，两部门产品相对价格的变化可由要素禀赋、技术进步或消费需求的变化引起。相关文献见 Baumol（1967），Dennis, Iscan（2009），Kongsamut, Rebelo and Xie（2001）。

升的。Burstein 和 Vogel（2012）采用 65 个国家的数据模拟表明，在考虑了企业生产率异质性以后，国际贸易对发达国家和发展中国家技能溢价的解释力上升。

4. 技能偏向性技术进步理论。上文的文献介绍了国际贸易如何促进技能偏向性技术进步，根据技能偏向性技术进步的定义，技能偏向性技术进步将必然提高技能溢价。本节总结三个国际贸易通过技能偏向性技术进步影响技能溢价的经济渠道：

首先是 Acemoglu（2002a，2003）、Gancia 和 Bonglioli（2008）等基于产权保护、价格效应和市场规模效应的分析。根据这一理论，由于发展中国家缺乏产权保护，南北贸易虽然使低技能劳动的相对供给上升，但由于市场规模效应不变，使得相对稀缺的高技能劳动的价格效应占据主导地位，从而促进了高技能偏向性技术进步，进而提高了技能溢价。相应地，由于发达国家拥有良好的产权保护，发达国家间贸易将会提高高技能劳动的市场规模效应，从而也会促进高技能偏向性技术进步，进而提高技能溢价。所以根据这一理论，国际贸易将会提高发达国家的技能溢价。

其次是 Thoenig 和 Verdier（2003）的防御性技能偏向性技术进步导致的技能溢价上升。企业面对外国企业的竞争，通过不断地提高产品的技术水平保持自身的竞争力，从而提高了对技能劳动的需求和技能劳动的相对工资。该机制同新新贸易理论关于技能溢价的理论相似，都强调了竞争对技术进步的影响。

最后，Burstein、Cravino、Vogel（2013）和 Parro（2013）的进口资本品促进技能偏向性技术进步促进技能溢价上升。

六、技能偏向性技术进步与劳动力市场极化

（一）技能偏向性技术进步对劳动力市场极化的影响

技能偏向性技术进步对劳动力市场极化影响的研究很大程度上研究了技能偏向性技术进步对技能溢价上升的解释框架，并在此基础上做了扩展。关于劳动力市场极化的原因，目前主要有两种解释：技能偏向性技术进步和国际贸易。本节首先介绍技能偏向性技术进步对劳动力市场极化的影响。Autor、Levy、Murnane（2003）、Acemoglu 和 Autor（2010）认为技能偏向性技术进步替代了流程化的、可编码的工作，如制造业和零售业等行业的工作，导致这些中等技能行业的就业和工资份额下降。该理论的解释是，随着发达国家高技能人才供给的上升，开发和应用信息技术的市场规模越来越大，因而信息技术产品的价格也越来越低；另一方面，制造业工人（中等技能劳动）的工资越来越高，而制造业的操作流程比较固定，可以通过

计算机编程和IT设备来完成，因此，制造业企业开始采用更多的IT设备来替代人工操作，从而降低了对中等技能劳动的需求。该理论还认为，由于低技能劳动所从事的工作多为低技能服务业，需要人与人或人与环境面对面地交流，所以不能用IT设备来代替低技能劳动的工作，而且，当IT信息技术发展到一定程度后，高技能劳动收入上升将提高对低技能劳动的需求。也就是说，信息技术进步提高了对高技能劳动和低技能劳动的需求，而降低了对中等技能劳动的需求，从而促进了劳动力市场极化。

在理论模型方面，Acemoglu和Autor（2010）建立了一个基于工作（Task）的劳动力市场极化模型，该模型首先假设有三种技能的劳动：高技能劳动、中等技能劳动和高技能劳动，分别从事高、中、低技能工作，但是高技能偏向性技术进步（如中等技能行业引入信息技术）降低了中等技能行业对中等技能劳动的需求，提高了对高技能劳动的需求。该文进一步表明，失去工作的中等技能劳动转向从事高技能工作和低技能工作，但由于高技能工作所需的技能水平更高，所以中等技能劳动更多地转向从事低技能工作，由此导致劳动力市场极化（工资极化的原理同此类似）。该文还采用1959~2008年美国劳动力市场数据实证这一假说，当然，这个实证研究还比较初步。

一些文献对这一理论解释进行了验证，总体上得到了肯定的结论。Autor和Dorn（2012）从技能偏向性技术进步的角度分析了美国的劳动力市场极化。他们以人均计算机拥有率作为技能偏向性技术进步的指标，分析表明，人均计算机拥有率上升降低了中等技能劳动的就业份额，以外包可能性指数作为外包指标，外包也促进了劳动力市场极化。Senftleben和Wielandt（2012）采用同Autor，Dorn（2012）类似的方法研究了1979~2007年德国劳动力市场极化，研究表明信息技术降低了中等技能劳动需求，提高了对高技能劳动和低技能劳动的需求，而且对于初始专业化于中等技能工作的地区（中等技能劳动就业密度大的地区），这种效应更加明显。该文的进一步研究表明，相比美国，由于德国的劳动力市场缺乏灵活性，而且失业救济体系较为完善，导致技能偏向性技术进步对德国劳动力市场极化效应小于美国，从而导致中等技能工作密集的地区失业率较高。

欧盟国家还没有出现工资极化，但出现了就业和劳动报酬份额的极化，Michaels、Natraj和Van Reenen（2010）利用美国、日本和9个欧洲国家1980~2004年数据研究表明，技能偏向性技术进步是劳动力市场极化的主要影响因素，能够解释高技能劳动需求上升的1/4，而国际贸易在控制了技能偏向性技术进步后对劳动力市场极化的影响不显著。Goos、Manning和Salomons（2009）利用欧盟1993~2006年的数据研究表明，技能偏向性技术进步（信息技术）是劳动力市场极化最为重要的因素，外包对劳动力市场极化的影响较小。Oener（2006）利用1979~1999年联邦德国数据研究表明，信息技术的应用显著提高了对高技能劳动和低技能劳动的需求，但降低了对中等技能劳动的需求，表明联邦德国同美国和英国类似,信息技术促进了劳动力市场极化。

Beaudry、Green 和 Sand(2013)进一步发现了 2000 年以来美国劳动力市场极化的新现象,他发现美国劳动力市场对高技能劳动的相对需求下降,而对低技能劳动的相对需求上升,甚至由于高技能劳动转而从事低技能劳动,原有的低技能劳动开始退出劳动力市场。该文建立了一个技能偏向性技术进步模型解释这一趋势,2000 年以前,信息技术革命处于扩张期,信息技术的投资提高了对高技能劳动的需求,但是 2000 年以后,由于信息技术的普及使得信息技术处于成熟期,信息技术的投资趋稳饱和,从而降低了对高技能劳动的需求,而技能偏向性技术进步也降低了对中等技能劳动的需求。但是,该文并未进行计量实证检验,仅给出了数据的描述,因此,该文模型的解释需要进一步验证。

(二) 国际贸易、技能偏向性技术进步与劳动力市场极化

国际贸易是发达国家劳动力市场就业和收入变化的重要影响因素(Acemoglu,2002b)。一方面,根据赫克歇尔—俄林贸易理论,由于发达国家技能劳动相对丰裕,南北贸易将提高发达国家的技能溢价。另一方面,南北贸易会导致发达国家的技能偏向性技术进步,进而提高发达国家的技能溢价(Bloom, Draca, and Van Reenen, 2011)。80 年代以后,欧美国家开始出现劳动力市场极化现象。但分析国际贸易对劳动力市场极化的文献还较少,已有文献主要分析了南北贸易与劳动力市场极化间的关系。Michaels、Natraj 和 Van Reenen(2010)利用 OECD 国家的经验数据研究表明,在控制技能偏向性技术进步的影响后,南北贸易对发达国家劳动力市场极化的直接影响较弱,而南北贸易主要通过技能偏向性技术进步影响劳动力市场极化。

根据赫克歇尔—俄林贸易理论,南北贸易将提高发达国家高技能劳动的相对工资,由于高技能劳动的收入较高,提高了低技能劳动的需求,从而导致了劳动力市场的极化,[①] 不过这方面解释的实证文献较少。

(三) 外包、技能偏向性技术进步与劳动力市场极化

现有文献还从外包的角度研究外包、技能偏向性技术进步和劳动力市场极化间的关系。Blinder(2007)、Oldenski(2012)等认为中等技能的工作更容易被外包,因此外包促进了发达国家中等技能就业和工资份额的下降。外包对劳动力市场极化的影响有两种渠道。首先,外包将发达国家中等技能劳动从事的工作(如制造业)

---

① 关于高技能劳动收入上升从而提高低技能劳动需求的文献见 Manning(2004)、Mazzolari 和 Ragusa(2007)及 Acemoglu 和 Autor(2010)。

转移到国外，从而直接减少了对发达国家中等技能劳动的需求。Acemoglu 和 Atour（2010）研究表明，当中等技能劳动从事的工作被外包到国外后，中等技能劳动会向低技能和高技能行业流动。但由于高技能行业要求的技能水平较高，所以中等技能劳动向低技能行业流入的劳动更多。外包也将提升高技能劳动和低技能劳动的相对工资，而高技能劳动与低技能劳动的相对工资变动则取决于中等技能劳动对低技能劳动和高技能劳动的替代性。Oldenski（2012）利用 2002～2008 年美国的职业数据证实了这一理论。但 Autor、Dorn（2012）的研究表明，外包对劳动力市场极化影响不显著。其次，外包通过影响技能偏向性技术进步间接影响劳动力市场极化，即外包会提高外包企业的生产率，进而进一步提高了对高技能劳动的需求。但Ottaviano、Peri 和 Wright（2013）利用美国 2000～2007 年劳动力市场数据研究表明，外包的生产率效应比较显著，但 Kroeger（2013）该文利用美国 1990 年、2000年和 2011 年 128 个制造业和服务业数据实证研究表明，外包的生产率效应不显著，高技能劳动需求的提升主要来源于选择效应。

七、未来的研究方向及政策启示

本文在介绍了技能偏向性技术进步理论的研究进展后，提出该理论的薄弱环节，或将来需要进一步研究的领域。首先，内生技能偏向性技术进步的理论框架缺乏充分的实证研究。该理论提出技术进步的偏向性取决于市场规模效应和价格效应的比较，但在实证研究中，由于市场规模效应和价格效应不易区分，导致目前通过数据检验该理论的逻辑机制还存在困难，而已有的一些实证研究基本上未区分市场规模效应和价格效应。其次，技能偏向性技术进步与劳动力市场极化之间的关系还需进一步研究。近年来，劳动力市场极化的研究在西方国家正在兴起，但相比于技能偏向性技术进步与技能溢价关系的研究，这些研究不论在理论方面还是实证方面还不够系统。例如，国际贸易和外包如何通过技能偏向性技术进步影响劳动力市场极化还缺乏系统的理论机制分析。再次，由于信息技术将会在全球范围内大范围应用，劳动力市场极化也可能会成为发展中国家劳动力市场的特征，因此，我们也应该关注技能偏向性技术进步对发展中国家劳动力市场的影响。

技能偏向性技术进步理论将技术进步和收入分配联系在一起，对于政府既要确保经济持续增长又要保持社会公平具有重要的指导意义。技术进步的偏向性必将带来收入分配的分化，而 Acemoglu 和 Robinson（2011）研究表明，收入分配的分化最终可能导致政治俘获，从使得制度活力下降，技术创新能力下降，经济增长失去可持续性。因此，政府在鼓励技术创新的同时，应该关注新技术的收入分配效应并采取相应措施，防止收入分配分化抑制了技术创新能力。

参考文献

1. 兰德斯：《解除束缚的普罗米修斯：1750年迄今西欧的技术变革与工业发展》，谢怀筑译，华夏出版社2007年版。

2. 里夫金：《第三次工业革命：新经济模式如何改变世界》，张体伟、孙豫宁译，中信出版社2012年版。

3. 莫基尔：《富裕的杠杆：技术革新与经济进步》，陈小白译，华夏出版社2008年版。

4. Acemoglu, Daron. Why Do New Technologies Complement Skills? Directed Technical Change and Wage Inequality. Quarterly Journal of Economics, 1998, 113: 1055 – 1089.

5. Acemoglu, Daron. Directed Technical Change. Review of Economic Studies, 2002a, 69 (4): 781 – 809.

6. Acemoglu, Daron. Technical Change, Inequality, and the Labor Market, Journal of Economic Literature, 2002b, 40 (1): 7 – 72.

7. Acemoglu, Daron. Patterns of Skill Premia. Review of Economic Studies, 2003, 70: 199 – 230.

8. Acemoglu, Daron. Introduction to Modern Economic Growth, Princeton University Press, 2009.

9. Acemoglu, Daron and David Autor. Skills, Tasks and Technologies: Implications for Employment and Earnings, NBER Working Paper No. 16082, 2010. http://www.nber.org/papers/w16082.

10. Acemoglu, Daron. When Does Labor Scarcity Encourage Innovation? Journal of Political Economy, 2010, 118 (6): 1037 – 1078.

11. Acemoglu, Daron, Philippe Aghion and Giovanni L Violante. Deunionization, technical change and inequality. Carnegie – Rochester Conference Series on Public Policy, 2001, 55 (1): 229 – 264.

12. Acemoglu, Daron, Gancia, Gino and Zilibotti, Fabrizio. Offshoring and Directed Technical Change. NBER Working Paper No. 18595, 2012. http://www.nber.org.sixxs.org/papers/w18595.

13. Acemoglu, Daron and James A. Robinson. This Time Different? Capture and Anti – Capture of US Politics. http://economics.mit.edu/files/7623, 2011.

14. Allen, Robert. The British Industrial Revolution in Global Perspective. Cambridge University Press, 2009.

15. Aghion, Philippe and Peter Howitt. A Model of Growth Through Creative Destruction. Econometrica, 1992, 60 (2): 324 – 351.

16. Atack, Jeremy, Fred Bateman and Robert A. Margo. Skill Intensity and Rising Wage Dispersion in Nineteenth – Century American Manufacturing. The Journal of Economic History, 2004, 64 (1): 172 – 192.

17. Autor, David H., Frank Levy, and Richard J. Murnane. The Skill – Content of Recent Technological Change: An Empirical Investigation. Quarterly Journal of Economics, 2003, 118 (4): 1279 – 1333.

18. Autor, David, Lawrence Katz and Alan Krueger. Computing Inequality: Have Computers Changed the Labor Market? Quarterly Journal of Economics, 1998, 113 (4): 1169 – 1214.

19. Autor, David and David Dorn. The Growth of Low Skill Service Jobs and the Polarization of the U. S. Labor Market. IZA Discussion Papers 7068, 2012. http://ftp.iza.org.sixxs.org/dp7068. pdf. or

NBER Working Paper No. 15150, American Economic Review, 2013, 103 (5), pages 1553 – 97.

20. Bloom, Nicholas, Mirko Draca, and John Van Reenen. Trade induced technical change? The impact of Chinese imports on innovation and Information Technology. NBER Working Paper No. 16717, 2011. http：//www.nber.org/papers/w16717.

21. Brambilla, Irene, Daniel Lederman and Guido Porto. Exports, Export Destinations, and Skills American Economic Review, 2012, 102 (7): 3406 – 38.

22. Beaudry, Paul, David A. Green, and Benjamin M. Sand. The Great Reversal in the Demand for Skill and Cognitive Tasks. NBER Working Paper No.18901, 2013. http：//www.nber.org/papers/w18901.

23. Blinder, Alan S. Offshoring：Big Deal, or Business as Usual? Center for Economic Policy Studies Working Paper 149, 2007. http：//www.princeton.edu/ceps/workingpapers/149blinder.pdf.

24. Burstein, Ariel, Javier Cravino and Jonathan Vogel. Importing Skill – Biased Technology. American Economic Journal: Macroeconomics, 2013, 5 (2): 32 – 71.

25. Burstein, Ariel, Jonathan Vogel. International trade, technology, and the skill premium. Society for Economic Dynamics 2012 Meeting Papers, No 664. http：//www.economicdynamics.org/meetpapers – /2012/paper_664.pdf.

26. Chin, Aimee, Chinhui Juhn and Peter Thompson. Technical Change and the Demand for Skills during the Second Industrial Revolution: Evidence from the Merchant Marine, 1891 – 1912. The Review of Economics and Statistics, 2006, 88 (3): 572 – 578.

27. Dinlersoz, Emin M. and Jeremy Greenwood, The Rise and Fall of Unions in the U.S. NBER Working Papers 18079, 2012. http：//www.nber.org/papers/w18079.

28. Epifani, Paolo and Gino Gancia. The Skill Bias of World Trade. Economic Journal, 2008, 118: 927 – 960.

29. Gray, Rowena. Taking technology to task：The skill content of technological change in early twentieth century United States. Explorations in Economic History, 2013, 50 (3): 351 – 367.

30. Goldin, Claudia and Lawrence FKatz. The Origins of Technology – Skill Complementarity. Quarterly Journal of Economics, 1998, 113: 693 – 732.

31. Gordon, Robert. Discussion of Daron Acemoglu, Philippe Aghion, and Giovanni L. Violante. Deunionization, Technical Change, and Inequality. Carnegie – Rochester Series on Public Policy, October 21, 2001. http：//facultyweb.at.northwestern.edu/economics/gordon/Crpitpub. – pdf.

32. Gancia, Gino and Alessandra, Bonglioli. North – South Trade and Directed Technical Change. Journal of International Economics, 2008, 76: 276 – 296.

33. Goos, Maarten, Alan Manning and Anna Salomons. Explaining Job Polarization in Europe：The Roles of Technology, Globalization and Institutions. CEP Discussion Paper No 1026. 2009. http：//cep.lse.ac.uk.sixxs.org/pubs/download/dp1026.pdf.

34. Machin, Stephen and John Van Reenen. Technology and Changes in Skill Structure：Evidence from Seven OECD Countries. The Quarterly Journal of Economics, 1998, 113 (4): 1215 – 1244.

35. Falk, Martin. Diffusion of information technology, internet use and the demand of heterogeneous labor. ZEW Discussion Papers, No.01 – 48, 2001. http：//econstor.eu/bitstream/10419/24469/1/dp0148 – .pdf.

36. Hicks. The Theory of Wages. London, Macmillan, 1932, 2nd ed., 1963.

37. Habakkuk, H. J. American and British Technology in the Nineteenth Century: Search for Labor Saving Inventions. Cambridge University Press, 1962.

38. Hanlon, Walker. Necessity is the Mother of Invention: Input Supplies and Directed Technical Change. Job Market paper, http://www.columbia.edu.sixxs.org/? wwh2104/hanlon dtc.pdf, 2011.

39. Harrigan, James and Ariell Reshef. Skill biased heterogeneous firms, trade liberalization and the skill premium. NBER Working Paper No. 17604, 2011. http://www.nber.org/papers/w17604.

40. Hornstein, Andreas, Per Krusell and Giovanni L. Violante. The Effects of Technical Change on Labor Market Inequalities, chapter 20 in: Philippe Aghion and Steven Durlauf, Handbook of Economic Growth, 2005, Vol. 1: 1275 – 1370.

41. Kiley, Michael T. The Supply of Skilled Labour and Skill-biased Technological Progress. The Economic Journal, 1999, 109: 708 – 724.

42. Katz, Lawrence and Kevin M. Murphy. Changes in Relative Wages, 1963 – 1987: Supply and Demand Factors. The Quarterly Journal of Economics, 1992, 107 (1): 35 – 78.

43. Kroeger, Sarah. The Contribution of Offshoring to the Convexification of the U. S. Wage Distribution. Job Market Paper, 2013. http://people.bu.edu/skroeger/research.htm.

44. Matsuyama, K. Beyond Icebergs: Towards A Theory of Biased Globalization. The Review of Economic Studies, 2007, 74: 237 – 253.

45. Newell, Richard, Adam Jaffe and Robert Stavins. The Induced Innovation Hypothesis and Energy – Saving Technological Change. Quarterly Journal of Economics, 1999, 114: 941 – 975.

46. Oener, Alexandra Spitz. Technical Change, Job Tasks, and Rising Educational Demands: Looking outside the Wage Structure. Journal of Labor Economics, 2006, 24 (2): 235 – 270.

47. Oldenski, Lindsay, Offshoring and the Polarization of the U. S. Labor Market, working paper, 2012. http://www9.georgetown.edu.sixxs.org/faculty/lo36/Oldenski_OffshoringAndPolarization_Oct2020.pdf.

48. Ottaviano, Gianmarco I. P., Giovanni Peri and Greg C. Wright. Immigration, Oshoring and American Jobs. American Economic Review, 2013, 103 (5): 1925 – 59.

49. Parro, Fernando. Capital – Skill Complementarity and the Skill Premium in a Quantitative Model of Trade. American Economic Journal: Macroeconomics, 2013, 5 (2): 72 – 117.

50. Rothbarth, E. Causes of the Superior Efficiency of U. S. A. Industry as Compared with British Industry. The Economic Journal, 1946, 56 (223): 383 – 390.

51. Romer, Paul M.. Endogenous Technological Change, The Journal of Political Economy, 1990, 98 (5): 71 – 102.

52. Samuelson, Paul. A Theory of Induced Innovation along Kennedy – Weisäcker Lines, The Review of Economics and Statistics, 1965, 47 (4): 344.176.

53. Schmookler, Jacob. Invention and Economic Growth. Cambridge: Harvard University Press, 1966.

54. Thoenig, Mathias and Thierry Verdier. A Theory of Defensive Skill – Biased Innovation and Globalization, The American Economic Review, 2003, 93 (3): 709 – 728.

55. Senftleben, Charlotte and Wielandt, Hanna. The polarization of employment in German local

labor markets. SFB 649 discussion paper, No. 2012 – 013, 2012. https://www.econstor.eu/dspace/bitstr-eam/10419/56638/1/685026914.pdf.

56. Xu, Bin. Endogenous Technology Bias, International Trade, and Relative Wages. 2001, University of Florida. http://www.ceibs.edu/faculty/xubin/Endobias.pdf.

57. Zwaan, van der, Bob C.C, Reyer Gerlagh, Ger Klaassen, and Leo Schrattenholzer. Endogenous Technological Change in Climate Change Modelling. Energy Economics, 2002, 24 (1): 1 – 19.

58. Verhoogen, Eric. Trade, Quality Upgrading and Wage Inequality in the Mexican Manufacturing Sector. Quarterly Journal of Economics, 2008, 123 (2): 489 – 530.

A Review of Skill-biased Technological Change Theory

Yang Fei

Abstract: Skill-biased Technological Change is an important factor of rising skill premium and labor market polarization in developed countries. In this paper, I review the skill-biased technological change theory, which includes The concept of skill-biased technological change, the Bias of technological change in the history, the theory of endogenous skill-biased technological change, the mechanism of skill-biased technological change in explaining skill premium and labor market polarization.

Key words: *Skill-biased Technological Change   skill premium   labor market polarization*

中国就业弹性的变动趋势及原因：综述与评析

周灵灵[*]

摘 要：本文通过梳理近十年来有关中国就业弹性的主要文献，以求为该问题的研究提供一个较为全面的视角。在分析就业弹性变动趋势及原因的基础上，我们就估算方法、数据结构及其选取、就业弹性自身的局限等方面，指出了当前研究所存在的一些问题。文章还探讨了该领域未来研究的一些可能方向。譬如，工业化、城镇化、区域政策差异以及农村剩余劳动力的不断减少会如何影响就业弹性；劳动力的"越序"转移现象对未来的发展有何启示等。

关键词：经济增长　就业弹性　变动趋势

一、引言

自20世纪90年代以来，我国的就业问题便日益凸显，引起了学界和政府部门的极大关注。例如，2012年我国城镇登记失业率为4.1%。[①] 实际上，该统计口径是偏小的，未能全面反映就业问题的严峻性。粗略地说，就业问题可分为总量问题和结构问题。一些研究表明，我国就业结构最主要的问题是城乡就业结构失衡、产业就业结构失衡和区域就业结构失衡等（李文星等，2010）。

就业是民生之本。探究经济增长与就业的关系，能为决策部门制定适宜的经济发展战略和产业政策提供依据。而经济增长与就业的关系大致可用就业弹性这一指标来衡量，本文也正是基于此而展开论述的。为此，我们回顾了近十年来有关中国就业弹性的主要文献，以求为探究我国就业弹性变动趋势及原因的研究者提供一个较为全面的视角。本文接下来的结构安排是：第二部分综述近十年来对就业弹性变动趋势的研究，该部分又从三个层面展开，分别是总体就业弹性的变动趋势、三次产业就业弹性的变动趋势和东中西三大区域就业弹性的变动趋势；第三部分综述对就业弹性变动原因的研究；最后为总结性评述，指出当前研究存在的一些问题，并

---

[*] 周灵灵，中央财经大学经济学院博士研究生，美国纽约州立大学水牛城分校访问学者；E-mail: zhoulingling1985@163.com。作者感谢国家留学基金（201306490012）和中央财经大学2012年研究生科研创新基金（201243）的资助。

[①] 国家统计局：《中国统计摘要2013》，中国统计出版社2013年版。

探讨未来研究的一些可能方向。

二、中国就业弹性的变动趋势：近十年来的研究

在劳动经济学中，除了用"奥肯定律"来描述经济增长率与失业率之间的关系外，还常用就业弹性来衡量经济增长与就业的关系。所谓就业弹性，是指经济增长变动率所带来的就业变动率，即就业弹性 e = 就业增长率/经济增长率。通常，我们用产出增长率来度量经济增长率，而且就业弹性系数 e 也通常在 0 和 1 之间变动，即 $0<e<1$。当 e 越接近 1 时，就业弹性越大，经济体吸收劳动力的能力越强，而当 e 越接近 0 时，则就业弹性越小，经济体吸纳劳动力的能力越弱。当然，就业弹性也存在为负数的情形。鉴于该领域文献较多，为便于论述，我们从三个层面展开，分别是总体就业弹性的变动趋势、三次产业就业弹性的变动趋势和东中西三大区域就业弹性的变动趋势。

（一）基于总体就业弹性的研究

在对总体就业弹性变动趋势的研究上，由于研究者采用的研究方法不尽一致，所得出的结论也大相径庭。归纳起来，大致有如下三种观点：

1. 就业弹性下降得很快，带来就业压力。张车伟等（2002）认为，我国就业弹性呈整体下降趋势，经济增长的总弹性从 1979 年的 0.44 下降到 2000 年的 0.10。自 1990 年以来，这种下降趋势更加明显。阎革（2002）指出，20 世纪 80 年代，我国就业弹性系数平均在 0.3 以上，而到 90 年代以后，就业弹性迅速下降，平均在 0.1 左右。李向亚、郭继强（2003）和李红松（2003）也强调，自 20 世纪 90 年代以来我国总体的就业弹性显著下降。姚战琪、夏杰长（2005）从资本深化、技术进步的角度分析了该问题，认为虽然经济仍保持高增长，但就业率的增速却赶不上经济的增长，就业弹性系数急剧下降，而常进雄（2005）的估算则进一步证实了该观点。程连升（2006）、周建安（2007）、李从容（2010）等人的研究也表明经济增长对就业不存在明显促进关系。此外，陆铭等（2011）基于中国城市数据，进一步说明中国的就业弹性自 90 年代中期以来便出现较为明显的下降，与其他发展中国家相比，中国的就业弹性也明显更低。

2. 就业弹性虽在下降，但趋于稳定且有回升空间。张本波（2002）指出，虽然表面上就业弹性在下降，但农村转移劳动力、下岗人员、隐性就业等因素会使得就业弹性趋于稳定。李伟（2006）则认为伴随着产业结构的演化，就业弹性表现为非线性变化，其变化的轨迹当呈"U"型曲线。故而降到一定程度后，就业弹性会趋于稳定且有回升的可能。在此基础上，齐明珠（2010）进一步指出，随着经

济增长方式的转变和产业结构的调整,就业弹性系数总体上还将下降,但是下降空间很有限,原因在于该系数目前已降至比较低的水平(2008年为0.07),且当第一产业向二、三产业转移的潜力充分释放后,第一产业的就业弹性系数将逐步向零回归,乃至会是正值,其对总的就业弹性系数的抵消作用会减弱。

3. 就业弹性被低估,并没有下降。邓志旺等(2002)认为,若把隐性失业考虑进去,至少80年代中期到90年代中期这10年就业弹性系数只是出现了不稳定的震荡,并没有急速下降,比如1994年调整前的弹性值仅为0.18,而调整后的弹性为0.752。吕民乐(2006)通过对真实就业弹性的测算,指出虽然我国经济增长对就业的拉动作用仍然显著,① 但就业压力依然很大,这更多的是来自于我国的先天资源劣势,而非经济增长方式。此外,简新华和余江(2007)建立了一个基于冗员的就业弹性模型。研究显示,在剔除冗员效应后,我国GDP对就业的拉动能力并没有下降。丁守海(2009)则将产值变化的滞后影响纳入分析框架,认为如果考虑到滞后效应,非农产业的就业弹性并不低,"无就业增长之谜"可能根本就不存在。Cai等(2010)结合官方数据和微观调查数据,也反驳了"无就业增长"假说。其主要证据是,20世纪90年代中后期国有企业职工大规模下岗后,非正规就业逐渐成为一种主要的就业渠道,而多数研究在计算就业弹性时并没有包括非正规就业。

综上可知,在对总体就业弹性变动趋势的研究上,由于采用的研究方法不一,所得出的结论也大相径庭,比如有的学者用点弹性估算、有的用弧弹性估算等。具体来说,比如同是1988年,张车伟等(2002)、常进雄(2005)和程连升(2006)就业弹性的估算值为0.26,而周建安(2007)的估算值为0.52;② 又比如同是2004年,周建安(2007)的估算值仅为0.04,而程连升(2006)的则高达0.11。总体上,国内学术界认为总就业弹性下降的学者居多,而对未来就业弹性能否回升以及如何有效地测算就业弹性等问题则研究不够。

(二) 基于三次产业就业弹性的研究

综观文献,我们根据研究思路,将国内学者对三次产业就业弹性的研究大致分为两类:逐年估算三次产业就业弹性值和分时段估算三次产业就业弹性值。

1. 逐年估算三次产业就业弹性值。为便于比较,我们以研究者对1998年就业弹性的估算为例。张本波(2002)测算了1981~2000年三次产业的就业弹性。其中,1998年第一产业的就业弹性为0.089、第二产业为-0.037、第三产业为0.199。张车伟等(2002)测算了1979~2000年三次产业的就业弹性。其中,1998

---

① 例如:据其研究,2003年名义就业弹性为0.10,而真实就业弹性则高达0.19。
② 原文小数点后保留六位有效数字。这里为便于比较进行了四舍五入,小数点后仅保留两位有效数字。

年第一产业的就业弹性为 0.09、第二产业为 -0.04、第三产业为 0.20。可见,张本波 (2002) 与张车伟等 (2002) 的结论比较相近。而周建安 (2007) 在估算 1986~2004 年三次产业就业弹性后,却得出 1998 年第一产业的就业弹性为 0.99、第二产业为 0.04、第三产业为 0.20。最新的文献显示,1998 年我国第一产业就业的弧弹性为 0.365、第二产业为 0.132、第三产业为 0.184,点弹性估算结果则分别为 1.006、0.927 和 0.856 (尹志锋等, 2012)。

2. 分时段估算三次产业就业弹性值。部分学者则分时段估算,并做了移动平均。比如,阎革 (2002) 测算了 1979~2000 年三次产业的就业弹性,并分为两个时段,1981~1990 年第一产业的就业弹性为 0.20、第二产业为 0.59、第三产业为 0.50;1991~2000 年第一产业的就业弹性为 -0.11、第二产业为 0.09、第三产业为 0.56。姚战琪等 (2005) 计算了 1980~2001 年的数据,并将其分成四个时段。其中,1991~1995 年第一产业的就业弹性为 -0.10、第二产业为 0.08、第三产业为 0.32;1996~2001 年第一产业的就业弹性为 0.88、第二产业为 0.01、第三产业为 0.26。[①] 刘辉群 (2009) 估算了 1980~2007 年的弹性值,其中 1990~1999 年第一产业的就业弹性为 -0.098、第二产业为 0.114、第三产业为 0.335;2000~2007 第一产业的就业弹性为 -0.071、第二产业为 0.083、第三产业为 0.365。周志春 (2010) 则将 1981~2007 年的数据分成六个时段进行估计,结果显示:自 1991~1995 年这一时段始,第一产业的就业弹性便为负值,到 2006~2007 年,其数值降到了 -0.37,而第二产业弹性值呈递增趋势,从 1991~1995 年的 0.08 到 2006~2007 年的 0.31,第三产业弹性值相对平稳,2006~2007 年为 0.24。

以上研究皆表明三次产业就业吸纳能力有所不同,这种差异既体现在横向比较上,也表现在纵向的变化趋势上。具体差别在于:(1) 无论是逐年估算还是分时段进行估算,大部分研究显示第一产业就业弹性波动较大,表现出忽高忽低的特点,有些年度甚至出现负值;第二产业就业弹性呈下降趋势,中间虽有反复,但总体上下降趋势明显;第三产业就业弹性在大多数年份是最高的,就时间趋势而言,虽有波动,但稳定性较强。(2) 由于研究者采用的方法不一,导致估算结果也不尽相同。尤其是分时段估算的学者,其对时段的划分大多出于自身的研究偏好,具有随意性,这给研究结论的可靠性和可比性带来了一定影响。

(三) 基于东中西三大区域就业弹性的研究

我国是一个发展中大国,区域间具有较大的异质性。因此,有理由认为东中西三大区域的就业弹性会有所不同。事实上,相关研究也证实了这一判断。张江雪 (2005) 利用面板数据模型对我国东中西三大经济地带的总体就业弹性和非农就业

---

① 原文小数点后保留四位有效数字,这里为了方便比较仅保留两位有效数字,下同。

弹性进行了估计，结果表明三大经济地带总体就业弹性和非农就业弹性具有明显的区别，东部地区经济增长对就业拉动作用最大，中部地区最小，西部地区居中。其他学者的研究也显示了这种差异。例如，尹志锋等（2012）利用1990~2009年的省级面板数据得出的结果显示，在总体就业弹性方面，东部地区的就业弹性最大，达0.395，大于中部的0.268及西部的0.143。这与张江雪（2005）的估算结果基本一致。赖德胜等（2011）的估算结果则显示短期内，东中西三大区域就业弹性分别为0.81、0.268和0.088，东部地区的短期就业弹性约为西部地区就业弹性的9.2倍，差异非常显著。在考虑就业的滞后影响后，东中西三大经济区域的长期就业弹性系数分别为0.909、0.865和0.863。可见，长期就业弹性的区域差异相对于短期而言明显减小了。分产业看，目前中部第二产业就业弹性为0.136、第三产业就业弹性约为0.217；西部第二产业就业弹性大约为0.111、第三产业的就业弹性为0.226，而东部第三产业的就业弹性约为0.150（丁守海等，2009）。

总体而言，中西部地区非农产业的就业弹性比较接近。作为众民大国，进行区域就业弹性的比较研究对区域发展和产业政策的制定而言，极具参考价值。但从现有文献来看，此类研究还很少，这无疑是未来所要关注的重点。

三、中国就业弹性变动的原因：可能的解释

虽然国内学者对我国就业弹性的变动趋势判断不一，但其对影响就业弹性的因素的看法却比较一致。这些影响因素总体上可分为供给因素和需求因素两大层面，但这样做未免过于笼统。有鉴于此，我们将其细分为下述几大类。

（一）技术进步的影响

张军（2003）指出我国经济的迅速增长主要是依靠资本的大量投入和积累。这使得企业在技术选择上偏向于以资本替代劳动，使资本深化过程加快，劳动力在经济增长过程中受排挤，从而造成就业弹性的下降。李向亚等（2003）强调就业弹性的迅速下降主要在于技术进步和经济结构调整，技术进步使资本有机构成不断提高，产生了经济增长中的"挤出效应"，就业弹性变小，就业压力增大（李伟，2006）。一些实证研究也表明技术创新对就业弹性存在显著影响（李从容等，2010），原因在于技术进步在总体上表现出了节约劳动的倾向（尹志锋等，2012）。但也有学者指出技术进步对就业弹性的影响是双面的，短期内技术进步可能会带来"挤出效应"，但从长期来看又有就业"补偿效应"（陈桢，2007）。

（二）产业结构调整的影响

"配第—克拉克定律"认为，随着经济发展和人均收入水平的提高，劳动力首先由第一产业向第二产业转移，当人均收入进一步提高时，劳动力再由第二产业向第三产业转移。伴随着经济发展和产业结构调整，我国三次产业就业人员比例也出现了较大变化。例如，2012年第一、二、三产业就业人员的比例已由2000年的50.0∶22.5∶27.5变为33.6∶30.3∶36.1。① 从比例来看，基本符合"配第—克拉克定律"。显然，这种变化也反映了就业弹性的改变。

由于相对于传统第三产业来说，新兴服务业增长相对较快，故而第三产业的就业弹性也呈下降趋势，这与其内部结构的变化有关（张车伟等，2002）。特别是在过去的劳动密集型产业不断萎缩，而新的劳动密集型产业尚未建立和形成的情况下，会造成总体经济增长吸纳就业能力的下降（张车伟，2002）。周志春（2010）的分析则表明产业结构变动与就业增长之间的关联性和一致性不强，辐射效应不够明显，主要是因为地方政府主导的产业结构调整过多关注GDP的增长，而缺少对就业因素的考虑。近期的实证文章也显示产业结构对就业弹性的影响明显。具体而言，第一产业的发展在整体上表现为释放劳动力的过程；第二产业仍是促进就业的主要部门，但随着经济的发展，其就业拉动能力逐步减弱；第三产业主要是通过当地经济发展来促进就业，潜力巨大（尹志锋等，2012）。

（三）需求结构变化与居民收入分配状况的影响

由于经济环境变化与人均收入的提高密切相关，就业弹性也可能会与该变化存在着某种联系。毕竟，人均收入的变化可能会导致产品需求结构的变化（常进雄，2005）。虽然发展劳动密集型产品具有良好的就业效应，但大部分劳动密集型产品的收入弹性较低。特别是近年来我国居民收入差距的拉大，高收入阶层居民对资本密集型消费品的需求量上升，消费需求以"奢侈品"为主导，而对劳动密集型消费品需求量减少（杨淑华等，2006），这使得劳动密集型产业就业吸纳能力下降。盛斌和牛蕊（2009）通过研究贸易开放对劳动力需求弹性的影响，认为贸易和汇率会通过改变劳动力与其他生产要素之间的替代效应来对劳动力需求弹性产生作用。类似的研究还有Feenstra等（2007）。此外，Mazumdar（2003）的分析表明，制造业工人的实际工资随着经济增长不断上升，也会抑制就业的增长。譬如，在OECD国家与拉美地区，经济增长的成果更多地表现为现有制造业工人实际工资的上升，而非雇用人数的增加，所以其就业弹性较低。

---

① 国家统计局：《中国统计摘要2013》，中国统计出版社2013年版。

（四）劳动力市场制度因素的影响

在劳动经济学中，一般把劳动力市场制度因素分为劳动力流动体制、工资收入分配制度和社会保障制度等三方面。作为一个转型中国家，研究我国就业弹性等问题时切不可忽略劳动力市场制度因素（Lu et al.，2008）。张本波（2002）的研究便指出了农村转移劳动力、下岗人员、隐性就业等因素会使得就业弹性存在被低估的可能。而劳动管制和隐蔽失业也会影响到劳动力市场的调整速度，是造成就业滞后调整的主要原因（丁守海，2009）。蔡昉等（2004）认为劳动力市场分割进一步强化了我国资本替代劳动的倾向，且基于计量模型的研究也显示经济体制的变革因素对就业弹性影响最大（常进雄，2005）。此外，简新华等（2007）还指出"冗员"的存在会严重影响就业弹性的估算，而且非公经济中的"超时加班"现象使得就业弹性系数年均降低8.5个百分点（程连升，2006）。这一切皆说明我国的劳动保障制度还未健全，就业者的工作强度大，受剥削程度深。

（五）就业质量、教育结构的影响

经济发展和人均收入的增加也促进了教育的扩展，而教育和人力资本的提升也使劳动力具有更高的生产能力，从而造成劳动力"以质代量"，降低了对劳动力数量的需求（常进雄，2005）。另一方面，我国经济增长很大程度上是在消化过去的隐性失业，因此在实现就业质量提高的同时，显性就业增长就显得比较慢。而且，就业增长能否随经济增长同步变化，还取决于原有从业人员的人力资本含量、知识技能结构的更新能力等，亦即取决于教育结构是否得当（李伟，2006）。然而，我国当前的教育结构严重失衡，家庭教育、学校教育缺乏对孩子自主性的关照，应用型、技术型人才培养滞后，不能适应产业结构变化的要求，从而给劳动力的转移设置了障碍，降低了经济增长的就业弹性。

（六）城镇化发展滞后的影响

2012年我国城镇人口占总人口比重已达52.6%，[①] 但与发达国家70%左右的比率相较，我国的城镇化水平显然还比较低。文献表明，城镇化滞后是我国经济增长未能明显增加就业的重要原因（杨淑华等，2006），而且城镇化程度的差异也是东中西三大经济地带就业弹性差异的诱因之一（张江雪，2005）。相对于东部城市，中部与西部城市的就业弹性没有显著差异。有趣的是，陆铭等（2011）的研

[①] 国家统计局：《中国统计摘要2013》，中国统计出版社2013年版。

究则表明在其他条件一定的情况下，城市化水平每上升1个百分点，就业弹性大约下降0.00325。也就是说城市化会降低城市就业弹性。理由也许在于，当城市化水平提高时，农村剩余劳动力相应减少，农民工进入制造业和服务业的保留工资相应提高，劳动相对资本变得更贵，就业弹性相应下降（陆铭等，2011；Wu et al.，2007）。值得说明的是，城镇化对就业弹性的影响是复杂的，它会影响到劳动力迁移、地区收入差距、产业梯度转移等方面，有待于进一步研究。

此外，部分学者还从其他角度分析了就业弹性变动的原因。譬如，丁从明等（2010）从冲击类型转变的视角探讨了就业弹性的下降；陆铭等（2011）从地方政府干预角度解释了中国经济增长创造就业能力较低的现象，认为政府干预削弱了外资的就业创造能力，如果政府支出与GDP的比值持续上升，就业弹性也会持续下降。其政策含义是，若想提高经济增长的就业吸纳能力，必须减少政府对招商引资和经济发展的干预（陆铭等，2011）。当然，还有从资本价格、工资水平、投入要素替代弹性等角度来分析就业弹性变化的（张浩等，2007）。尽管各文献的表述方式有所差异，但以上的划分基本涵盖了目前的研究状况。

四、总结性评述

通过前文的梳理，我们基本上能够对引致我国就业问题的因素及其未来走向有个比较全面的了解，学者们的努力功不可没。但我们也应当看到，在此项研究中，尚有诸多内容需进一步深入和完善。

其一，在估算方法上。就业弹性的测算一般可按就业弹性的定义和经济增长模型法来进行。国内学者大多选择定义法中的点弹性和弧弹性来估算就业弹性，但这两种方法存在着一些缺陷。比如，点弹性在年份间经常出现剧烈波动，因此很难依据它对就业弹性形成一个稳定的判断，而弧弹性法虽能得出一个相对稳定的结果，但其科学性高度依赖于考察期选取的合理性。我们发现，很多研究者对考察期的划分大多出于自己的研究偏好，具有随意性，这给研究结果的科学性和可比性带来了一定影响。对此，部分研究者自己设定计量模型来测算就业弹性。比如，盛斌等（2009）运用固定效应模型、丁从明等（2010）运用脉冲反应函数。这种探索精神是极其可贵的，美中不足的是这些模型缺乏一个统一的理论分析框架，变量的引入和设置也显得比较随便。而且，对隐性失业的测算也不一致。流行的估算方式就有耕地可容就业法、固定资产可容就业法、产业结构比较法、边际劳动生产率法和随机边界生产模型分析法等（吕民乐，2006）。这就使得研究结论众说纷纭，难以达成共识。

其二，在数据结构及选取上。数据结构及其选取对分析结果也是极为重要的，即便是有了良好的理论框架和分析模型，缺乏数据也就等于"无米之炊"。常用的计量数据主要有三类，即截面数据、时间序列数据和面板数据。由于时序数据多为非平稳序列，容易出现"伪回归"，这会使得结论难以令人信服。尽管近期出现了一批用面板数据来估算就业弹性的文献，但多数学者仍是用时间序列数据来测算就业弹性，且部分研究未进行协整分析和误差修正。甚至还有学者引用早期数据来估算当前隐性失业程度，用早期估算结论来推断当前变动趋势。这显然不尽合理，也削弱了解释力。

其三，就业弹性只能说明经济发展与就业吸纳能力间的关系，它本身并不能说明经济发展与就业之间到底存何种关系。那么，在未来的研究中，我们应该如何给就业弹性定位？如何将其置于经济社会演进的大环境下进行考察？

其四，对一些应当关注的问题研究得不够。例如，对于工业化程度差异、城镇化程度差异与区域政策差异等因素对就业弹性差异形成的研究就比较少。此外，随着国企改革的推进，国企冗员的存量越来越少；城镇化进程的加快，农村剩余劳动力也在不断减少，农业中的隐性就业问题也在逐步缓解（Wu et al.，2007）。这些因素会如何影响就业弹性？更何况我国劳动力的产业转移又具有超越第二产业、直接向第三产业转移的特征，亦即存在"越序"转移现象，与"配第—克拉克定律"所描述的路径不完全一致，这对我们未来的发展有何启示？总之，学者们大多认为中国的总体就业弹性在下降，而对未来就业弹性能否回升、如何有效测算就业弹性等方面的研究则比较缺乏，在测定方法上分歧也较大。当然，我们也期待着后续的研究工作能予以更为深入、全面的探讨。

参考文献

1. 蔡昉、都阳、高文书：《就业弹性、自然失业和宏观经济政策》，载《经济研究》2004年第9期。
2. 常进雄：《中国就业弹性的决定因素及就业影响》，载《财经研究》2005年第5期。
3. 陈桢：《产业结构与就业结构关系失衡的实证分析》，载《山西财经大学学报》2007年第10期。
4. 程连升：《超时加班与就业困难》，载《中国经济史研究》2006年第4期。
5. 邓志旺、蔡晓帆、郑棣华：《就业弹性系数急剧下降：事实还是假象》，载《人口与经济》2002年第5期。
6. 丁从明、陈仲常：《经济增长为什么没有带来就业增加?》，载《南方经济》2010年第1期。
7. 丁守海：《中国就业弹性究竟有多大》，载《管理世界》2009年第5期。
8. 丁守海、刘昕、蒋家亮：《中国就业弹性的再估算》，载《四川大学学报》（哲社版）2009年第2期。
9. 简新华、余江：《基于冗员的中国就业弹性估计》，载《经济研究》2007年第6期。
10. 赖德胜、包宁：《中国不同区域动态就业弹性的比较：基于面板数据的实证研究》，载《中国人口科学》2011年第6期。
11. 李从容、祝翠华等：《技术创新、产业结构调整对就业弹性影响研究》，载《科学学研究》2010 年第 9 期。

12. 李红松:《我国经济增长与就业弹性问题研究》,载《财经研究》2003 年第 4 期。

13. 李伟:《现阶段我国就业弹性的变化趋势及对策分析》,载《理论导刊》2006 年第 1 期。

14. 李文星、袁志刚:《中国就业结构失衡:现状、原因与调整政策》,载《当代财经》2010 年第 3 期。

15. 李向亚、郭继强:《中国就业弹性急剧下降的原因解析》,载《经济体制改革》2003 年第 5 期。

16. 刘辉群:《我国现代服务业就业增长效应分析》,载《广东商学院学报》2009 年第 6 期。

17. 陆铭、欧海军:《高增长与低就业:政府干预与就业弹性的经验研究》,载《世界经济》2011 年第 12 期。

18. 吕民乐:《我国真实就业弹性的测算》,载《统计与决策》2006 年第 3 期。

19. 齐明珠:《我国 2010~2050 年劳动力供给与需求预测》,载《人口研究》2010 年第 9 期。

20. 盛斌、牛蕊:《贸易、劳动力需求弹性与就业风险:中国工业的经验研究》,载《世界经济》2009 年第 6 期。

21. 阎革:《我国就业弹性系数迅速下降的原因》,载《广西社会科学》2002 年第 6 期。

22. 杨淑华、鄢咏红:《我国经济增长与就业弹性相悖矛盾的思考》,载《经济纵横》2006 年第 4 期。

23. 姚战琪、夏杰长:《资本深化、技术进步对中国就业效应的经验分析》,载《世界经济》2005 年第 1 期。

24. 尹志锋、李辉文:《产业就业弹性及区域对比:基于 1990~2009 的省(市)级面板数据》,载《湘潭大学学报》(哲学社会科学版)2012 年第 1 期。

25. 张本波:《解读我国经济增长的就业弹性》,载《宏观经济研究》2002 年第 10 期。

26. 张浩、刘金钵:《我国就业弹性变化趋势的经济学分析》,载《生产力研究》2007 年第 3 期。

27. 张江雪:《我国三大经济地带就业弹性的比较》,载《数量经济技术经济研究》2005 年第 10 期。

28. 张车伟、蔡昉:《就业弹性的变化趋势研究》,载《中国工业经济》2002 年第 5 期。

29. 张车伟:《我国就业弹性变化的趋势》,载《中国劳动》2002 年第 7 期。

30. 张军:《中国的工业改革与经济增长:问题与解释》,上海人民出版社 2003 年版。

31. 周建安:《中国劳动就业与经济增长的实证分析》,载《中山大学学报》(社会科学版)2007 年第 1 期。

32. 周志春:《中国产业结构变动对就业增长影响研究》,载《社会科学战线》2010 年第 4 期。

33. Cai, F., and Wang Meiyan, 2010, "Growth and Structural Changes in Employment in Transition China." *Journal of Comparative Economics*, (38), 71–81.

34. Feenstra, R. C. and Hong, C., 2007, "China's Exports and Employment." NBER Working Paper, No. 13552.

35. Lu, M., and Jiang Shiqing, 2008, "Labor Market Reform, Income Inequality and Economic Growth in China." *China & World Economy*, 16 (6), 63–80.

36. Mazumda, D., 2003, "Trends in Employment and the Employment Elasticity in Manufactur-

ing 1971 – 1992: An International Comparison." *Cambridge Journal of Economics*, (27), 563 – 582.

37. Wu, Y. W., and Zhao Quan, 2007, "China's Jobless Growth Is a Myth." *China Economist*, (5), 71 – 82.

Changing Tendency and Reasons of China's Employment Elasticity: Review and Comments

Zhou Lingling

Abstract: By reviewing the relevant papers of employment elasticity in the past decade, we want to provide a more comprehensive perspective for this issue. Based on exploring the changing tendency and reasons of China's employment elasticity, this paper also points out some existing problems in current research from the perspectives of estimation methods, data structures and their selections, and the limitations of employment elasticity, etc. In addition, we briefly indicate some possible directions for future research. For instance, the industrialization, urbanization and regional policy differences and the continuous decrease of rural surplus labor will how to affect employment elasticity, and so on.

Key words: *economic growth   employment elasticity   changing tendency*

山地农村居民旅游就业期望的差异分析

韩国圣 李 辉[*]

摘　要： 本研究以安徽天堂寨景区周边农村社区为例在问卷调查（n=458）与深度访谈的基础上运用描述分析与卡方检验的方法研究了山地农村居民旅游就业期望的差异。研究发现，山地农村居民旅游就业期望在年龄、教育水平、居住区位、工作性质、现在工作方面存在显著差异，而在居民性别、政治身份、居住状态方面没有显著差异，同时借助学术文献与访谈数据解释了其中的原因。最后提出了相应的政策建议，有助于提高山地农村居民旅游就业水平与相关旅游就业政策的制定。

关键词： 社区旅游发展　旅游就业　就业期望　差异分析　天堂寨

一、引言

旅游发展给目的地社区居民带来大量的就业机会，成为各级政府为促进农村剩余劳动力就业支持发展旅游业的一个重要原因。在此背景下旅游就业研究成为国内外共同关注的重要研究议题。国外旅游就业研究主要从就业总量构成、就业动机、就业质量问题、就业统计、促进旅游就业政策研究5个方面展开，研究对象多为实际旅游从业者，而对于旅游景区周边尚未参与旅游就业的农村居民缺乏相关的研究。如果我们了解这些潜在旅游就业者的就业期望，尤其是他们个性化的旅游就业期望，就可以在社区旅游发展中采取更为差别化的就业措施，提高他们就业的成功率与满意度。国内对居民旅游就业的关联因素进行了初步研究。孙九霞利用多个案例详细描述了各种旅游就业方式，提出居民旅游就业能力弱与受教育水平低有不可分割的关系。在旅游就业研究中，性别因素经常作为一个研究变量出现，但很少在潜在旅游者作为一个主题研究，所以本次研究企图检验不同性别居民旅游就业期望的差异。杨兴柱与陆林发现从事旅游工作、参与旅游投资成为居民主要的旅游参与行为，识别出农民旅游就业与文化程度、旅游意识、政府态度存在广泛的关联。居民政治身份可能会影响居民的旅游就业期望，因为有研究发现行业收入与行业的行

---

[*] 韩国圣，山东大学（威海）商学院副教授，理学博士，E-mail: hanguosheng@sdu.edu.cn；李辉，哈尔滨工业大学管理学院讲师，管理学博士研究生。

政垄断程度有着巨大的相关性。已有研究从教育体制、家庭背景等方面分析大学生的就业意愿,所以我们把教育水平、家庭背景纳入分析考察山地农村居民的旅游就业期望中。年龄因素也可能影响居民的旅游就业期望,因为有研究发现农民工内部确实存在一定程度的代际差异。杨钊与陆林发现九华山不同的旅游就业方式与宏观区域经济背景、劳工市场结构、职业地位存在广泛的关系,他们注意到旅游就业方式在区域背景方面可能存在显著差异,所以我们也把居民的居住区位、居住状态(本地还是外地居民)纳入分析中。通过梳理文献,我们企图中从居民个人因素(性别、年龄、教育水平)、家庭因素(居住区位、居民身份、是否村委)、工作状况(现在工作、工作性质)3个层面考察8个因素对于山地农村居民旅游就业期望的影响。

二、研究方法

(一) 研究区概况

天堂寨景区集国家森林公园、国家地质公园、国家自然保护区、国家扶贫试验区于一体,位于安徽省金寨县天堂寨镇境内,有"华东最后一片原始森林"之美称,是一典型的山地旅游景区。景区所在的天堂寨镇辖8个行政村(见表1),其中前畈村、渔潭村分布在旅游路线沿线,距离旅游景区较近;杨山村、马石村、泗河村距离旅游景区中等;后畈村、泗河村、山河村距离旅游景区较远。各行政村共有居民4 482户,总人口17 130人。旅游发展带动周边农户做导游、开旅馆、经营农家乐以及种植高山蔬菜等,带动了地方经济的发展。

表1　　　　　　　　　　　样本人口统计学特征　　　　　　　　　　单位:人

居住村	前畈村	渔潭村	杨山村	马石村	后畈村	泗河村	山河村	黄河村	
	109 (23.8%)	53 (11.6%)	56 (12.2%)	58 (12.7%)	37 (8.1%)	38 (8.3%)	44 (9.6%)	63 (13.8%)	
性别	男	女							
	326 (71.2%)	132 (28.8%)							
年龄	青年	中年	老年						
	62 (13.5%)	366 (79.9%)	30 (6.6%)						

续表

居住状态	原住民	外迁民									
	404 (88.2%)	54 (11.8%)									
教育水平	小学以下	初中	高中	大中专	本科以上						
	134 (29.3%)	208 (45.4%)	68 (14.8%)	33 (7.2%)	15 (3.3%)						
政治身份	村委	非村委									
	60 (13.1%)	398 (86.9%)									
现在工作	务农	打工	土特产	建筑业	公务员	饮食业	养殖	旅游业	商店	运输	服务员	学生	其他
	220 (48.0%)	61 (13.3%)	23 (5.0%)	18 (3.9%)	18 (3.9%)	16 (3.5%)	15 (3.3%)	14 (3.1%)	14 (3.1%)	10 (2.2%)	7 (1.5%)	19 (4.1%)	23 (5.0%)
工作性质	农业	非农业									
	324 (70.7%)	134 (29.3%)									

（二）数据来源

本研究以问卷调查为主，深度访谈为辅。正式调查前举办四次团体座谈试测并修改问卷，兼对典型样本进行访谈。抽中居民先接受结构式访谈再填写问卷，统一询问两个问题：（a）请您谈谈您准备如何参与到天堂寨旅游业中来（旅游就业期望）；（b）有哪些困难（参与障碍），利用这些访谈数据佐证与解释定量分析结果，丰富深化研究结果的理论解释。问卷调查采取分层随机抽样，先抽取户，从户再抽取被访。调查范围是天堂寨镇的8个行政村，抽样框是天堂寨镇2009年农户改水改厕补贴名单，4 482个农户（含镇街道）。考虑到调研时间与经费情况，抽样规模定在总体的10%，远大于抽样5%的最低要求，考虑部分家庭外出打工未回可能抽空的情况，实际调查472户，扣除回答不完整与空卷总共14份，实际有效问卷458份；有效回答率为97.03%。

（三）数据分析方法

首先，通过描述分析中的频数与有效百分比指标了解样本人口统计学特征以及居民的旅游就业期望；其次，为了解这些因素对居民旅游期望的影响，分别对居民性别、年龄、教育水平、现在工作、工作性质、居住区位、居民身份、是否村委与旅游就业期望变量进行卡方检验，之所以采用卡方检验，因为自变量与因变量均为分类变量。如果卡方检验值达到显著水平，说明自变量的不同水平在因变量方面有显著差异，即该自变量对居民旅游就业期望有显著影响。

三、实证结果

（一）天堂寨农村居民人口统计学特征

由表 1 可知，调查户数较多的是前畈村、黄河村、马石村、杨山村，户数最少的是后畈村，被访对象以男性为主，明显多于女性，原因在于不少女性居民即使回答问卷仍填写家庭男户主的名字或由家庭男性居民前来填写。居住状态以当地出生居民为主，外来居民很少。政治身份以普通居民为主，村委会成员较少。现在工作以务农、外出打工、建筑业、土特产经营等非旅游工作为主，旅游相关的工作非常少，呈现出明显的旅游发展初期的农村社区特征。工作性质主要是农业工作，非农业工作较少。年龄以 45 岁左右的中年人为主，青年人外出打工多未回。居民受教育水平较低，以初中及以下文化为主。综上所述，天堂寨景区周边农村是典型的发展初期旅游地的农村社区，较好保持着当地传统农村社区的特征，比较适合研究山地农村居民旅游就业期望。

（二）天堂寨农村居民的旅游就业期望

由表 2 可知，天堂寨居民旅游就业期望选择人数比例在 10% 以上的工作岗位有景区护林员、开商店、开餐馆；选择人数比例在 5% ~ 10% 的工作岗位当导游、景点开发、开旅馆、开土特产店、当清洁工人；选择人数比例 5% 以下的是当保安、

表 2　　　　　　　天堂寨农村社区旅游就业期望（n = 458）

护林员○ 75 (16.4%)	商店● 69 (15.1%)	餐馆● 47 (10.3%)	导游● 44 (9.6%)	景点开发● 42 (9.2%)	旅馆● 35 (7.6%)	土特产店● 30 (6.6%)
清洁工○ 27 (5.9%)	保安○ 21 (4.6%)	蔬菜粮油店○19 (4.1%)	早餐店● 13 (2.8%)	厨师● 11 (2.4%)	其他○ 8 (1.7%)	无法参与△ 17 (3.7%)

注：●代表直接旅游参与；○代表间接旅游参与。

开蔬菜粮油店、开早餐店、当厨师、出租店铺、开歌厅，值得注意的是天堂寨目前休闲娱乐设施缺乏，但是或许由于居民的受教育水平所限，居民选择投入旅游娱乐设施的非常少。我们发现居民的这种就业期望选择是与每个行业的经济回报有很大的关联，回报越大的职业也比较吸引居民参与，这种就业期望选择模式还与居民从业经历经验有很大的关系，选择较多的多是居民亲眼目睹的接触较多的职业，这种其他从业者带头作用较明显。

在后续的分析中，根据是否直接服务于旅游者，我们把社区旅游就业期望划分为两类，一类代表直接参与旅游就业，主要面向旅游者提供服务或者由旅游者直接需求衍生出来的就业岗位，包括开商店、开餐馆、当导游、开旅馆、开土特产店、当厨师、开发新景点、开歌厅，所占比例为61.2%；另一类代表间接参与旅游就业，尽管旅游者需要，但是主要面向当地居民与旅游企业的就业职位，比如蔬菜粮油店，并不直接与旅游者打交道；也有一种情况就是尽管旅游者也需要或者偶尔使用他们的服务，但这些服务主要面向当地居民，比如早餐店，这些间接旅游就业岗位包括景区保管员、清洁卫生工人、保安、蔬菜粮油店、早餐店、出租店铺，所占比例为38.8%，在间接旅游业务中还有少数当地居民坦言由于各种原因他们无法参与到旅游业中来，这部分人数非常少（17人），为了分析的需要我们把他们归类到间接参与旅游就业中，因为有些居民坦言，在蔬菜瓜果成熟又是旅游旺季的时候，他们也把农产品送到镇上的饭店或直接卖给旅游者。

（三）天堂寨农村社区居民就业期望的差异分析

1. 居民旅游就业期望在性别方面的差异。本部分检验性别因素在旅游就业期望方面有无显著差异，经对性别与旅游就业期望进行卡方检验，卡方值为47.995，达0.01显著水平（见表3），这说明性别在农村居民旅游就业期望方面存在显著差异。从不同性别行的比率显示，男性在景区护林员、旅馆、保安、开发景点、其他（出租店铺、开歌厅）6个方面高出各自的平均参与比率，同时相应的就业期望也比女性显著地多，也就是说男性农村居民旅游就业以这些工作为主；而女性在导游、厨师、餐馆、商店、早餐店、蔬菜粮油店、土特产、清洁卫生方面高出各自的平均参与比率同时比男性对这些工作就业期望高。通过比较不同性别期望就业的旅游工作发现，男性期望就业的工作具有体力型（护林员、保安）、高资本型（开旅馆、景点开发、出租店铺、开歌厅），而女性期望就业的工作多是服务性工作，之所以存在这种差异有2个原因：一是天堂寨目前仍旧维持着中国传统的"男主外、女主内"的家庭结构，男性主要从事体力劳动，主导着家庭收入的投资方向，所以男性期望从事的工作也是体力性的、需要大量投资的工作；还有一个原因就是这些高资本的工作也由大量的外部投资者从事，而这些外部投资商几乎全是男性；第三个原因是由旅游业服务产业的性质决定的，旅游业作为服务行业需要大量的工作人员面对面地向旅游者提供服务，以女性占大多数，比如导游、厨师、餐馆服务员、商店服务员、早餐店、蔬菜粮油店、土特产、清洁卫生工人大都是女性，当农村女性居民亲眼目睹这些女性主导的就业岗位，所以在选择旅游就业期望时一般也较多选择了这些工作岗位。

表3　　　　　　　　　　性别与旅游就业期望的交叉分析

性别		旅游就业期望												合计
		景区林员	导游	厨师	餐馆	旅馆	商店	早餐	保安	蔬菜粮油	开发景点	土特产	清洁	其他	无法参与	
男	计数	70	23	5	32	26	44	5	19	11	35	21	19	6	10	326
	%	21.5	7.1	1.5	9.8	8.0	13.5	1.5	5.8	3.4	10.7	6.4	5.8	1.8	3.1	100
女	计数	5	21	6	15	9	25	8	2	8	7	9	8	2	7	132
	%	3.8	15.9	4.5	11.4	6.8	18.9	6.1	1.5	6.1	5.3	6.8	6.1	1.5	5.3	100
合计	计数	75	44	11	47	35	69	13	21	19	42	30	27	8	17	458
	%	16.4	9.6	2.4	10.3	7.6	15.1	2.8	4.6	4.1	9.2	6.6	5.9	1.7	3.7	100

注：卡方值 $x^2 = 47.995^{***}$，$***p<.01$。

2. 居民旅游就业期望在年龄方面的差异分析。本部分检验不同年龄段的居民在旅游就业期望方面有无显著差异，经过对年龄段与旅游就业期望卡方检验，卡方值为28.960，达0.01的显著水平，说明不同年龄段的居民在旅游就业期望方面有显著差异。由表4可知，中年、老年社区居民从事间接旅游就业的期望（56.6%、80.0%）超过间接旅游服务的参与期望的平均比例（53.9%），并且年龄越大越倾向于参与间接旅游工作，而青年居民参与直接旅游服务的就业期望（74.2%），远超过居民参与旅游直接服务的期望的平均比例（46.1%），而中年、老年群体参与直接服务的期望比例（43.4%、20.0%）都低于参与直接旅游服务期望的平均比例（46.1%），并且年龄越大差异越明显。之所以存在这种旅游就业期望年龄方面的差异，一个很重要的原因就在于旅游行业是一个以服务为主的行业，与其他部门相比有大量的非熟练工或兼职工人，高达50%的工人年龄不到25岁，并且雇用大量的年轻女性员工（高达70%），之所以年轻人占主要地位除了旅游业岗位本身具有一定服务技能门槛外，也与旅游就业本身的特点有很大的关系，比如职工流动率高、工作时间没有规律、工作强度大、成立工会的程度低、人力资源具有巨大的压力；旅游业备受批评也因为旅游业提供的工作往往不是"货真价实"的工作，旅游就业往往集中在低技术职业，与旅游工作低技术相关的是旅游就业往往工资低并且仅提供兼职或季节性工作机会。

表4　　年龄、居住状态、政治身份与旅游就业期望的交叉分

就业期望		年龄			居住状态			政治身份			合计
			青年	中年	老年		原住	外迁		是	否	
间接旅游业务	计数	16	207	24	计数	218	29	计数	27	220	247
	年龄(%)	25.8	56.6	80.0	居住状态(%)	54.0	53.7	政治身份(%)	45.0	55.3	53.9
直接旅游业务	计数	46	159	6	计数	186	25	计数	33	178	211
	年龄(%)	74.2	43.4	20.0	居住状态(%)	46.0	46.3	是否村委(%)	55.0	44.7	46.1
合计	计数	62	366	30	计数	134	404	计数	60	398	458
	年龄(%)	13.5	79.9	6.6	居住状态(%)	29.3	88.2	政治身份(%)	13.1	86.9	100.0
卡方值		$x^2 = 28.960^{**}$				$x^2 = .001$			$x^2 = 2.216$		

注：** $p < 0.01$。

3. 居民旅游就业期望在居住状态方面的差异分析。本部分检验居民的居住状态在旅游就业期望方面有无显著差异，经过对居住状态与旅游就业期望卡方检验，卡方值为0.001，没有达到显著水平，说明不同居住状态在旅游就业期望方面没有显著差异。由表4可知，无论是原住民还是外迁民参与间接旅游业务的人数和比例都高于参与直接旅游服务的比例，原因在天堂寨旅游业还是一个处于发展初期的旅游地，旅游业尚未成为当地的主导经济产业。旅游业的辐射面以及辐射范围还比较小，主要辐射到旅游公路的沿线，旅游公路沿线以外仍旧保持着以山区农产品种植、中药材种植以及天麻种植为主的以资源为依赖的传统产业，直接从事旅游工作的人数非常少，仅占3.1%，所以无论外迁还是原住民对于参与直接旅游就业的期望的比例都要低于间接旅游业务的参与比例，针对间接旅游业务与直接旅游业务分别的横向比较我们发现比例相当，也没有显著差异，所以原住民与外迁民之间在社区旅游参与期望方面才没有显著差异。

4. 居民旅游就业期望在居民政治身份方面的差异分析。本部分检验居民政治身份在旅游就业期望方面有无显著差异，经卡方检验，卡方值为2.216，没有达到显著水平，说明无论村委与否在旅游就业期望方面没有显著差异。由表4可知，这两种社区居民群体的旅游参与期望的比例与两项业务平均比例之间没有显著差异，尽管在间接旅游业务方面普通居民参与间接旅游就业期望的比例多一些，而在直接

旅游业务方面村委参与旅游就业期望的比例多一些，即村委比非村委比较倾向于从事直接旅游就业的岗位，但是差异不显著。之所以差异不显著是因为村委的双重身份，既代表地方基层政府组织（乡镇政府）行驶乡村管理职能，但本身又是农村社区居民，从事平常的农村社会经济活动，与其他村民一样面临着同样的社会经济发展问题，所以二者之间没有显著差异。

5. 居民旅游就业期望在教育水平方面的差异分析。本部分检验居民不同的教育水平在旅游就业期望方面有无显著差异，经过对教育水平与旅游就业期望卡方检验，卡方值为49.169，达0.01的显著水平，说明不同教育水平在旅游就业期望方面有显著差异。由表5可知，小学及以下与初中的农村居民愿意从事间接旅游业务的比率分别为72.4%、54.8%，高出各种教育水平从事间接旅游就业的平均比例（53.9%），说明初中水平以下的2个层次居民在社区旅游参与中以从事间接旅游业务为主，而高中教育水平以上的3个层次居民群体现从事直接旅游业务的比例高出所有教育水平从事直接旅游业务的平均比例（46.1%），并且教育水平越高直接参与旅游业务的比率越高，说明高中以上教育水平的居民在社区旅游参与中倾向于从事直接旅游业务为主。从间接与直接旅游业务两个总体比较分析发现从事间接旅游业务的居民多于从事直接旅游业务的居民，这说明目前天堂寨农村居民直接从事旅游业务的居民群体还不够普遍。之所以存在这种差异主要的原因在于天堂寨当地农村社区居民受教育水平较低，初中文化水平的农村居民所占比例将近一半，小学及以下教育水平的居民将近三成，这种普遍较低的教育水平限制了居民参与旅游业的范围与内容，使得居民局限于以间接参与旅游业务为主，还有一个原因旅游业主要是直接面向旅游者提供旅游服务的行业，由于与旅游者直接打交道，向旅游者提供各种旅游服务都有明确严格的服务程序，也就是说居民必须经过必要的培训有一定的服务技能后才可以参与到旅游业后中来。从我们的访谈数据分析中可以证明一个观点就是尽管天堂寨政府对当地居民的旅游培训普遍较为缺乏，尽管政府也进行了一些培训，但是这些培训时间短培训内容多，形式化强而实效差。我们发现天堂寨农村社区要参与到旅游业中来存在相当高的知识门槛，这种知识欠缺是分布在山地农村社区的各个领域中的旅游产业链条的各个环节（种植养殖；生产管理；风险管理；市场宣传与销售；服务培训；服务接待），每一个环节都需要特殊的知识，这种知识的欠缺使得农村社区参与旅游业存在非常高风险，这种风险与资金、信息、技术风险交织在一起使得社区参与并不像教科书上所言的那么轻松容易。旅游业知识与技术的欠缺是个关键性的障碍因素，它不但会限制当地人参与旅游开发的能力，而且会造成下一个障碍就是当地旅游业领导人的缺乏，进而造成外地代理人主导当地旅游业。

表5　　　　　　　教育水平、工作性质与旅游就业期望的交叉分析

就业期望	教育水平	小学及以下	初中	高中	大中专科	本科及以上	工作性质	农业	非农业	合计
间接旅游业务	计数	97	114	27	8	1	计数	28	25	247
	%	72.4	54.8	39.7	24.2	6.7	%	63.6	39.7	53.9
直接旅游业务	计数	37	94	41	25	14	计数	16	38	211
	%	27.6	45.2	60.3	75.8	93.3	%	36.4	60.3	46.1
合计	计数	134	208	68	33	15	合计	农业	非农业	458
	%	29.3	45.4	14.8	7.2	3.3	计数	28	25	100.0

注：$x^2 = 49.169^{**}$（教育水平），$x^2 = 27.105^{**}$（工作性质），$** p < 0.01$。

6. 旅游就业期望的居住区位差异。本部分检验不同居住区位在旅游就业期望方面有无显著差异，对居住区位与旅游就业期望进行卡方检验，卡方值为25.841，达0.01的显著水平，说明不同居住区位在旅游就业期望方面有显著差异。由表6可知，杨山村、马石村、后畈村、泗河村、山河村这些村从事间接旅游业务的比例高出所有村从事间接旅游业务的平均比例（53.9%），说明这些村以从事间接旅游业务为主，而前畈村、渔潭村、黄河村这些村从事直接旅游业务的比例高出所有村从事直接旅游业务的平均比例（46.1%），说明这些村以从事直接旅游业务为主。这说明不同的居住区位在旅游就业期望方面确实存在显著差异。之所以存在这些差异与每个村所处的地理区位有密切的关系，前畈村、渔潭村分别位于从六安方向进入天堂寨景区的旅游沿线，而黄河村位于从湖北方面进入天堂寨景区的旅游沿线，他们的地理位置位于旅游者必经的旅游沿线，使之有大量的机会接触沿途逗留的旅游者，方便直接向旅游者提供旅游服务，所以这些村在旅游沿线有大量的饭店、餐馆、土特产品店、农家乐等向旅游者提供旅游服务；而杨山村、马石村、后畈村、泗河村、山河村这些村距离旅游景区较远，同时远离主要旅游公路，使得他们难以接触旅游者，所以他们主要种植蔬菜、土特产，这些村也有少数经济条件好的居民为了做生意也在天堂寨镇政府街道上租借店铺开商店。访谈资料进一步解释不同居住村旅游就业期望显著差异的原因，一个反复被提及的原因就是山区交通条件不方便限制了偏远山村的旅游就业，另一个原因就是经济条件限制了部分居民旅游就业的机会。

表6　　　　　　　居住区位与旅游就业期望的交叉分析

旅游就业期望		居住村								合计
		前畈村	渔潭村	杨山村	马石村	后畈村	泗河村	山河村	黄河村	
间接旅游业务	计数	55	18	39	33	23	26	28	25	247
	居住村（%）	50.5	34.0	69.6	56.9	62.2	68.4	63.6	39.7	53.9

续表

旅游就业期望		居住村								合计
		前畈村	渔潭村	杨山村	马石村	后畈村	泗河村	山河村	黄河村	
直接旅游业务	计数	54	35	17	25	14	12	16	38	211
	居住村（%）	49.5	66.0	30.4	43.1	37.8	31.6	36.4	60.3	46.1
合计	计数	109	53	56	58	37	38	44	63	458
	旅游就业期望（%）	23.8	11.6	12.2	12.7	8.1	8.3	9.6	13.8	100.0

注：卡方值 $x^2 = 25.841^*$，*** $p < 0.01$。

7. 居民旅游就业期望在工作性质方面的差异。本部分检验居民从事的工作性质在旅游就业期望方面是否存在显著差异，对工作性质与旅游就业期望进行卡方检验，卡方值为27.105，达0.01的显著水平，说明不同工作性质在旅游就业期望方面有显著差异。由表5可知，现在从事农业工作的居民愿意间接旅游业务的比率为63.6%，高出两种工作性质从事间接旅游业务的平均比例（53.9%），说明现在从事农业工作的居民如果从事旅游就业，以从事间接旅游业务为主，而现在从事非农业的居民从事直接旅游业务的比例高出两种工作性质从事直接旅游业务的平均比率（46.1%），说明现在从事非农业工作的居民如果参与旅游就业，将以从事直接旅游业务为主。这说明居民从事的工作性质在旅游就业期望方面确实存在显著差异。之所以存在差异与现在从事工作的经济收入差距有密切的关系，即现在从事农业工作的居民经济收入较少，从事非农业工作的居民经济收入较高，现有不同的经济收入差距造成了居民为未来的社区旅游就业中存在了显著的差异，经济收入较高的农村居民在未来的社区旅游就业中直接参与面向旅游者的服务，在旅游产业价值链中处于上游环节，获得的经济收益相对较高；而经济收入较低的农村居民，没有较多的可自由支配资金，受经营成本所限仍旧依赖原有的当地农业资源型工作谋生，所出售产品先要销售给天堂寨旅游企业，然后经过旅游企业其加工转化后再提供给旅游者，当地旅游企业为了赚取较高的经济利润，会压低初级农产品的价格，使得从事初级农产品生产间接面向旅游者服务的农业工作的居民所得收入较少。质性资料揭示出不同工作性质与工作场所的地理区位差异、信息不对称、社会资本获取渠道的差异、居民社区去权以及资本有很大的关联，这些问题相互交织相互关联会产生连锁效应，共同限制了不同工作性质的农村社区居民参与旅游就业的差异。

8. 居民旅游就业期望在现在工作方面的差异分析。本部分检验居民现在的工作在旅游就业期望方面有无显著差异，即是否会影响居民旅游就业的期望，经卡方检验，卡方值为63.102，达到0.01的显著水平，说明现在工作岗位确实会影响居民旅游就业的期望。由表7可知，现在工作是务农、打工、服务员、运输业的农村居民在选择旅游就业期望时受原有职业路径的影响倾向于选择从事提供间接旅游业务方面的工作；而现在工作是土特产、养殖业、建筑业、饮食业、旅游业、开商店、公务员与学生的群体倾向于从事直接旅游业务方面的工作，在直接旅游业务方面我们发现了一个有趣的现象，这些现在的工作中既有与旅游相关的工作比如土特产经营、饮食业、旅游业、开商店以及高学历高知识的公务员与学生群体，又有一些与旅游业距离较远的工作比如建筑业、养殖业，我们对这种现象的解释是居民对未来或者说潜在的旅游就业期望的选择既受原有职业路径依赖的影响，同时又受现在职业倦怠所导致的推动作用，这一点在学术文献中已有相关的理论支持。

表7　　　　　　　　现在的工作与旅游就业期望的交叉分析

就业期望		现在工作												合计
		务农	打工	土特产	养殖业	建筑业	饮食业	服务员	运输业	旅游业	其他行业	商店	公务员	学生	
间接业务	计数	148	35	11	8	6	3	6	6	2	9	7	4	2	247
	%	67.3	57.4	47.8	53.3	33.3	18.8	85.7	60.0	14.3	39.1	50.0	22.2	10.5	53.9
直接业务	计数	72	26	12	7	12	13	1	4	12	14	7	14	17	211
	%	32.7	42.6	52.2	46.7	66.7	81.3	14.3	40.0	85.7	60.9	50.0	77.8	89.5	46.1
合计	计数	220	61	23	15	18	16	7	10	14	23	14	18	19	458
	%	48.0	13.3	5.0	3.3	3.9	3.5	1.5	2.2	3.1	5.0	3.1	3.9	4.1	100.0

注：卡方值 $x^2 = 63.102^{*****}$，$p < 0.01$。

四、结论

已有旅游就业研究聚焦于实际参与就业的群体，对于潜在的旅游就业对象尤其是山地旅游景区周边的农村居民旅游就业期望研究较少，本研究在梳理文献的基础检验了山地农村居民旅游期望在个人因素、家庭因素与工作状况方面的差异，得出以下几点结论：

（1）天堂寨旅游就业岗位分为主要面向旅游者就业岗位与间接面向旅游者就业岗位两类。有61.2%的居民选择直接面向旅游者的就业岗位，38.8%的居民选择间接面向旅游者的就业岗位。居民的这种就业期望选择是与每个行业的经济回报有很大的关联，回报越大的职业也比较吸引居民参与，这种就业期望选择模式还与居民从业经历经验有很大的关系，选择较多的多是居民亲眼目睹的接触较多的职业，这种他人的从业启发带头作用较明显。

（2）天堂寨居民旅游就业期望在年龄、性别、教育水平、居住区位、工作性质、现在工作方面有显著差异，即中老年社区居民期望从事间接旅游就业岗位，而青年居民期望从事直接旅游就业岗位；男性期望就业的工作具有体力型（护林员、保安）、高资本型（开旅馆、景点开发、出租店铺、开歌厅），而女性期望就业的工作多是服务性工作；小学及以下与初中的农村居民从事间接旅游就业岗位，而高中教育水平以上的农村居民从事直接旅游就业岗位，教育水平越高直接参与旅游业务的比率越高；靠近旅游沿线的农村居民期望从事直接旅游岗位，而远离旅游线路的农村居民期望从事间接旅游岗位；现在从事农业工作的居民如果从事旅游就业，以从事间接旅游业务为主，而现在从事非农业工作的居民如果参与旅游就业，将以从事直接旅游业务为主；现在工作是务农、打工、服务员、运输业的农村居民在选择旅游就业期望时受原有职业路径的影响，倾向于选择从事提供间接旅游业务方面的工作；而现在工作是土特产、养殖业、建筑业、饮食业、旅游业、开商店、公务员与学生的群体倾向于从事直接旅游业务方面的工作。

（3）天堂寨居民旅游就业期望在政治身份、居住状态没有显著差异。无论是村委还是非村委、原住民还是外迁民参与间接旅游业务的人数和比例都高于参与直接旅游服务的比例，原因在天堂寨旅游业还是一个处于发展初期的旅游地，当地农村社区仍旧以传统社区经济结构为主，旅游业尚未成为当地的主导经济产业。

本研究解释出了不同因素对居民旅游就业期望的单一因素主效应，但是值得注意的是传统的以缺衣少食、基本生活无保障的生存型经济贫困，随着农村经济发展和基本生存条件的改善而基本解决，代之而起的是由信息匮乏、人力资源的流失、社会资源与支持网络不足、政策偏差、文化教育和权利保护缺位，以及农村生活价值的失落等因素而导致的新型贫困，就是说这些因素之间可能存在的关联性作用，使之在居民旅游就业期望实际的影响机制更为复杂，需要在进一步梳理文献的基础上建立不同因素之间的影响假设，通过结构方程模型，建构居民旅游就业期望的影响机制模型。

参考文献

1. 徐建英：《卧龙自然保护区社区居民旅游就业分析》，载《旅游业：推动产业升级和城市转型——第十三届全国区域旅游开发学术研讨会论文集》，2008年。

2. 厉新建、可妍：《国外旅游就业研究综述》，载《北京第二外国语学院学报》2006年第1期。

3. 韩国圣、李辉、黄阅雯：《天堂寨社区居民旅游就业意愿多重对应分析》，载《华东经济管理》2013年第2期。

4. 孙九霞：《守土与乡村社区旅游参与——农民在社区旅游中的参与状态及成因》，载《思想战线》2006年第5期。

5. 林小玲：《乡村女性参与旅游就业影响实证研究》，福建师范大学2008年硕士学位论文，2008年。

6. 杨兴柱、陆林、王群：《农户参与旅游决策行为结构模型及应用》，载《地理学报》2005

年第 6 期。

7. 侯风云、伊淑彪:《行政垄断与行业收入差距的相关性研究——基于工业细分行业的面板数据分析》,载《劳动经济评论》2008 年第 1 期。

8. 娄世艳:《就业特征对教育收益率的影响及其成因》,载《劳动经济评论》2009 年第 1 期。

9. 段成荣、马学阳:《我国农民工的代际差异状况分析》,载《劳动经济评论》2011 年第 1 期。

10. 杨钊、陆林:《基于职业特性驱动的旅游劳工转移比较研究》,载《地理研究》2006 年第 6 期。

11. Newmark W. D., Leonardb N. L., Sarikoa H. I., et al. Conservation attitudes of local people living adjacent to five protected areas in Tanzania [J]. Biological Conservation, 1993, 63 (2).

12. ILO O.. World Employment Report 2001. Life at Work in the Information Economy [M]. 2001.

13. Meyer D.. Caribbean tourism, local sourcing and enterprise development: review of the literature. [R]. PPT Working Paper - Pro - Poor Tourism, 2006.

14. Moscardo G.. Building community capacity for tourism development [M]. Cabi, 2008.

15. 钱宁:《农村发展中的新贫困与社区能力建设:社会工作的视角》,载《思想战线》2007 年第 1 期。

Analysis of Variance in Villagers' Expectation in Touism Employment: A Case Study in Rural Community Surrounding Tiantangzhai Tourism Area

Han Guosheng　Li Hui

Abstract: This study aims to investigate variancesin villagers'expectation in touism employment with Descriptive Analysis and Chi - Square Test based on a mixed research of questionaire survey (n = 458) and in-depth interviews in a rural community surrounding Tiantangzhai Tourism Area, Lu'an City, Anhui Province, China. It is concluded that there do exisit sinificant differences of villagers'expectation in touism employment according to Age, Educational Level, Residential Location, Job Style, Present Jobs while not according to Gender, Political Identity, Inhabitation, which are explained with relevant academic documents and qualitative results. Finally some corresponding policy implications are put forward. The study helps to better tourism employment and draw up relevant local policies in a rural community.

Key words: community tourism development　tourism employment　employment-expectation　variance analysis　Tiantangzhai Tourism Area